El hombre, la hembra y el hambre

Autores Españoles e Iberoamericanos

Esta novela obtuvo el Premio Azorín 1998,
concedido por el siguiente jurado: Julio de España Moya,
Jesús Ferrero, José Manuel Lara Bosch, Lourdes Ortiz,
Celso Serrano, José Ramón Torregrosa,
Fernando Schwartz y Miguel Valor Peidró.

La Diputación Provincial de Alicante
convoca y organiza el Premio Azorín.
Editorial Planeta edita y comercializa la obra ganadora.

Daína Chaviano

El hombre, la hembra y el hambre

Premio Azorín
de la Diputación Provincial de Alicante
1998

PLANETA

© Daína Chaviano, 1998

© Editorial Planeta, S. A., 1998
Córcega, 273-279, 08008 Barcelona (España)

Realización de la sobrecubierta: Departamento de Diseño de Editorial
Planeta (foto © Katrin Thomas/Photonica)

Primera edición: abril de 1998

Depósito Legal: B. 13.644-1998

ISBN 84-08-02530-9

Composición: Foto Informática, S. A.

Impresión y encuadernación: Printer Industria Gráfica, S. A.

Printed in Spain - Impreso en España

Para Hildegard,
a novecientos años de su nacimiento

Para liquidar a las naciones [...], lo primero que se hace es quitarles la memoria. Se destruyen sus libros, su cultura, su historia. Y luego viene alguien y les escribe otros libros, les da otra cultura y les inventa otra historia. Entonces la nación comienza lentamente a olvidar lo que es y lo que ha sido. Y el mundo circundante lo olvida aún mucho antes.

MILAN KUNDERA, *El libro de la risa y el olvido*

O quam valde plangendum
et lugendum est.
(Oh, cuánto debemos llorar
y lamentarnos.)

HILDEGARD VON BINGE

AGRADECIMIENTOS

—

... a Manuel Moreno Fraginals, porque sus conferencias —escuchadas cuando aún vivía en la isla— me impulsaron a explorar la historia oculta de Cuba, esa que nunca nos enseñaron en la escuela; a la arquitecta Beatriz Masó, su esposa, por compartir conmigo libros y consejos; a Esperanza Bravo de Varona y Gladys Ramos, de la Universidad de Miami, por ayudarme a desempolvar datos de otras épocas; a la investigadora Madeline Cámara, por sus valiosas sugerencias y entusiasta crítica; a mis padres, porque incluso desde la distancia me siguen alentando; a Carlos, por la tarde en que me llevó a escuchar aquella conferencia de Moreno Fraginals, que entonces era su profesor en La Habana, y por soportar —siete años más tarde— mi desorden de apuntes, mapas y fotocopias, desplegados en la biblioteca de nuestro apartamento en Coral Gables, mientras aguardaba en silencio a que esta novela concluyera.

9

PRELUDIO

—

Ella no lo sabe, pero su vida está a punto de cambiar, como en esas telenovelas donde las casualidades parecen confabularse contra la protagonista. Sólo que ella no es un personaje de telenovela y, por tanto, no es seguro que al final aparezca algún hado inesperado —un *Deus ex machina*— que altere su destino.

Camina concentrada en el recuerdo de algo que ocurrió días atrás. Cree que aquel suceso cambió su existencia; pero se equivoca. Lo que realmente la cambiará aún está por transcurrir. Ahora avanza por la avenida, disfrutando de la brisa que acaricia sus muslos y atraviesa la seda de su ropa interior. El aire del trópico es un íncubo que persigue a las hembras del Caribe, y a ella le gusta ese acoso silencioso. Mueve sus caderas y se moja de placer, excitada por el soplo impertinente de los alisios.

Por supuesto, esa prenda de seda es uno de esos regalos que ella ha atesorado contra viento y marea; un lujoso trocito de tela que sería la envidia de cualquier mujer porque, en su país, ninguna puede aspirar a semejante lujo, a menos que se lo envíe un familiar desde el exilio o lo reciba de algún amigo turista... Y ella no tiene parientes en el extranjero, pero ahora no piensa en eso. Se contenta con el placer de saberse vestida y, sobre todo, alimentada: todo un derroche de opulencia en medio de una ciudad pobre y envilecida.

Por el momento no está preocupada. Quizás si supiera lo que está a punto de ocurrir, volvería sobre sus pasos. Sabe que ya no está muy lejos del lugar y se apresura un poco cuando recuerda quién la espera. Así se acerca, inocente y perfumada, al único punto de la ciudad que hubiera debido evitar.

PRIMERA PARTE

—

MACHO Y HEMBRA LOS CREÓ

1

Compadre, mira que hace tiempo... Si mal no recuerdo
fue en el puente del Cubanaleco, casi unos chamacos
todavía, yéndonos a ver a las niñas que paseaban por la
playa. Qué gozadera aquélla. Todavía no sé cómo terminé la secundaria, ni el pre. Al viejo le dio un ataque
cuando le dije que se olvidara de la universidad y de la
carrera de medicina. ¡Qué va, mi socio! No iba a poder
con ese queme. Además, lo mío fue siempre la pintura.
No quiero contarte la que se armó. Imagínate: un hijo
artista. Mi viejo gritando cojones y maricones que vola-
ban por el apartamento, y la vieja corriendo detrás,
cerrando las ventanas para que los vecinos no se enteraran. Tremenda escenita. A esa hora en que hay tanta
bulla, se hizo un silencio de muerte en el barrio; me imagino que todos estaban con la oreja pegada a la pared
para oír el escándalo. Pero valió la pena. Si no hubiera
estudiado pintura, ahora andaría trabajando doce horas
diarias en un hospital lleno de cucarachas, y ganando
unos miserables pesos que no alcanzan para vivir. Además, compadre, yo quería divertirme y, además, tener

tiempo para las ninfas... ¿Te acuerdas? «Viejo sátiro enclenque que a las ninfas vigilas...» Y te digo, no hay mejor sitio para empatarse con una hembra de maravilla que una escuela de arte. Si me hubiera imaginado que nada de eso iba a repetirse, lo hubiera disfrutado el doble... Es que la vida te hace cada mierda... Estudias como un burro, trabajas como un imbécil, y cuando crees que puedes sentarte a vivir de verdad, ahí mismo aparece algo que te desgracia la existencia. Claro, en mi caso no fue una sola cosa, sino un burujón, pero la principal de todas fue Claudia. Vine a empatarme con ella cuando estudiaba pintura. O mejor dicho, la vi por primera vez en esa época. En realidad nos hicimos novios después que me botaron de la escuela por el lío aquel del panfleto. Sacaron a un montón de gente, pero ésa es una historia que te contaré en otro momento... Claudia es lo que me tiene reventao ahora. Nunca conocí a una tipa como ella: era más rara que un cementerio al mediodía. Por eso me embarqué. Me enamoré como un idiota. De no haber sido como era, a lo mejor me habría acostado con ella un par de veces y luego si-te-veo-no-me-acuerdo. Pero no. Tuve que fijarme en la tipa más intrigante que se cruzó por mi camino. Yo creo que me amarró. Algún trabajito debió de hacerme. No es que la sorprendiera en algo sospechoso; nunca vi que anduviera en brujerías ni nada de eso, pero en este país uno nunca sabe con las mujeres. Te lo digo por experiencia: no hay que fiarse de ninguna, por muy graduada universitaria que sea. Porque, eso sí, mucho estudio que tenía, mucha historia del arte y mucho marxismo, pero ésa era

16

más espiritista que Allan Kardec. Así mismo como te lo cuento. Siempre estaba viendo cosas que nadie más veía... No, no estaba loca ni histérica. Era la mujer perfecta: una dama en el salón, una reina en la cocina y una puta en la cama. Y digo puta con cariño, en el buen sentido de la palabra. Era ese tipo de putas que enternecen porque son tan ingenuas que cualquiera les hace un cuento y se lo creen, no por brutas, sino por nobles. Para colmo, podías hablar con ella de todo. Y cuando te decía algo, ponle el cuño que pasaba. Era un horóscopo ambulante. Te lo estoy diciendo, compadre, la mujer ideal. ¿Que si era virgen cuando la conocí? ¿Estás loco? Ella no andaba pensando en esas comemierderías. Además, las vírgenes te las regalo: ésas sí son una complicación. Y mientras más años tengan, peor. Se traumatizan con uno, crean responsabilidades, te exigen, y terminas con ellas en un psiquiatra. ¡Qué va, mi hermano! Yo no estoy para eso... Bueno, las otras también son una complicación, pero en otro sentido. Chico, ¿qué quieres que te diga? *Todas* son un dolor de cabeza. Aunque, la verdad, Claudia le gana al resto. ¡Tremendo embarque que me di con esa jeva!... Está bien, te lo contaré por partes; pero tengo que empezar desde el principio porque ya te dije que no era una tipa común, y explicar eso lleva tiempo. ¿Un café? No me vendría mal. Creo que a dos cuadras hay un sitio.

2

Rubén reconoció su rostro en seguida. Lo había visto decenas de veces, años atrás, cuando aún estudiaba pintura en el Instituto Superior de Arte y tuvo que visitar la Biblioteca Nacional en busca de unos datos. Coincidieron en el mismo salón donde todos parecían hojear libros de arte; pero ella no reparó en él, y Rubén era demasiado tímido para intentar un acercamiento. Durante semanas observó la curva de su cuello modiglianesco inclinarse sobre un tratado de alfarería grecorromana. Se extasiaba admirando ese perfil casi traslúcido y sus ojos enormes, a menudo ocultos tras las pestañas, cuando seguían los contornos de las formas dibujadas o fotografiadas en los libros. Parecía una de esas náyades victorianas que Waterhouse pintara cien años atrás.

Un día la joven no regresó. Él siguió visitando el lugar, incluso después de haber terminado su investigación, pero no volvió a verla y su recuerdo se transformó en uno de esos pequeños dolores que permanecen agazapados en la memoria, dispuestos a estallar en el momento más imprevisto. Eso fue lo que ocurrió al encontrarla de nuevo entre la multitud de curiosos que iban y venían por la Plaza de la Catedral. Y fue esa mezcla de zozobra y tristeza que se reflejaba en su rostro, otrora sereno e intimidante, lo que terminó por borrar toda indecisión.

Ella avanzaba entre los quioscos y las mesas, cuyas mercancías más ligeras se agitaban con el soplo del aire que venía de la bahía. Pronto estaría frente a él. Rubén lo supo porque advirtió que ella seguía una especie de plan en su recorrido. Había venido aproximándose desde el otro extremo de la plaza, sin dejar de esquivar a la multitud que amenazaba con arrastrarla en otra dirección. Debía de ser una de esas personas que, al llegar a un museo, deciden explorarlo siguiendo un orden, primero hacia un lado y luego hacia otro, por temor a confundirse y pasar por alto alguna pieza valiosa. Era también una manía de Rubén, tal vez derivada de su profesión. Por eso, aunque nunca supo lo que estudiaba la desconocida de la biblioteca, ahora presintió el vínculo de la joven con su propio mundo.

La brisa se colaba por el callejón que unía la plaza con la Avenida del Puerto, provocando una corriente de aire fresco que aliviaba a los paseantes del vapor que escapaba de los adoquines, en una de esas felices combinaciones derivadas del constante contubernio entre los hombres y la naturaleza de la isla. Porque todas las calles de La Habana parecen apuntar siempre hacia el mar; y gracias a ese misterio sibilino, el viento no deja de batir nunca en el corazón de la capital.

Ella se detuvo un instante frente al quiosco contiguo que mostraba bordados y tejidos a crochet. Sus manos resbalaron entre los pañuelos y mantelillos festoneados con intrincados dibujos vegetales, hizo girar un parasol en miniatura, y alzó un vestido de lienzo púrpura para verlo a contraluz. Su vista resbaló de una mesa a otra, y recorrió los ganchos donde se mecían carteras y monederos de piel curtida. En seguida volvió a tocar la mercancía como si la vista no le bastara para calibrar el valor o la belleza de los objetos. Acarició el cuero multicolor de un bolso que había quedado oculto detrás del resto.

—¿Cuánto vale? —preguntó sin mirar al vendedor.

Él dijo un precio. Sólo entonces la joven dejó de contemplar la cartera para encontrarse con sus ojos.

—Es demasiado cara.

Y ella era más hermosa de lo que él recordara.

—El material da mucho trabajo —respondió Rubén, intentando mantener el tono neutro de un negociante.

Ella volvió la vista hacia el bolso, sus manos lo acariciaron un momento más y casi con tristeza terminaron por abandonarlo.

—¿Te quedarás mucho rato?

Las cejas femeninas se curvaron en un extraño signo de interrogación.

—Si estás por aquí cuando cierre la venta, quizás pueda hacerte una rebaja —dijo él bajando la voz para que sólo ella lo oyera—. No quiero ponerme a regatear delante de la gente. Tendría que hacerlo después con todo el mundo.

Ella asintió, casi asustada.

—Estaré cerca —murmuró, y sus ojos esbozaron el preludio de una sonrisa que no llegó a brotar.

Continuó su peregrinaje hacia la tarima siguiente con una expresión distante, como si jamás hubiera cruzado una palabra con él. Rubén la vio sumergirse en aquella marea humana donde cualquiera podía ahogarse o perderse para siempre. Respondió mecánicamente las preguntas de una pareja que trataba de hacerse oír en medio del barullo, y luego las de un joven que buscaba un regalo especial para una mujer de edad indefinida; después perdió la noción de los rostros a quienes vendió o atendió, pendiente únicamente del avance de las sombras. Aunque mil veces auscultó la multitud que lo rodeaba, no volvió a ver a la desconocida; y supo que tendría que vivir con la incertidumbre de su reaparición hasta que el sol se acercara al mar y llegara el momento de irse.

Cuando la sombra del palacete que cobijaba el restaurante El Patio —otrora casa del marqués de Aguas Claras— lamía los portales del taller de grabado —antaño casa del marqués de Arcos—, se escuchó un revuelo de sonidos trepidantes que retumbó por toda la explanada, haciendo que turistas y curiosos abandonaran su interés por la mercancía. Una tromba de bailarinas penetró desde Empedrado en aciclonado revuelo de faldas que giraban y se agitaban con la violencia de las diosas afrocubanas: Oshún con sus plumas de pavo real, toda ansiosa y orgásmica; Yemayá con sus sayuelas de espuma marina, deslizándose como un ave sobre las aguas; el corro de sacerdotisas que excitaba el ardor de las deidades; y en medio de los frenéticos giros, la histeria incontrolable de los tambores.

Pronto la atención se dividió: la mayoría de los lugareños regresó a las tarimas mientras los extranjeros permanecían con aire de pasmo ante el espectáculo, que duró hasta que las siluetas de los edificios empezaron a oscurecerse. Entonces Rubén cerró la sombrilla de colores bajo la cual se protegía y fue guardando sus productos en la ingeniosa armazón que, una vez cerrada, se transformaba en una especie de carrito. Poca gente quedaba en la plaza; la mayoría, turistas que por unos dólares se hacían leer la suerte sobre el tablero de un babalao que, a todas luces, era un personaje contratado por el gobierno. Pero sólo los cubanos podrían notar la diferencia. Los extranjeros observaban fascinados las mañas del impostor, que aquel día había decidido trasladar su centro de operaciones hacia esa zona.

Rubén aseguró las puertas del carrito de madera y quitó los tacos de las ruedas que lo habían mantenido inmóvil. Luego lo empujó hacia la esquina de la catedral, donde había dejado aparcado el desvencijado Chevrolet que tenía más años que él mismo. Mientras luchaba por imponerse a los adoquines del suelo, echó una última ojeada al grupo que se desparramaba en el centro de la plaza. Contra el fondo de las dieciochescas columnas de piedra, las mulatas enfundadas en sus trajes amarillos, azules y blancos se mezclaban con italianos, suecos, canadienses y españoles, cargados de cámaras, paquetes y sombreritos de alpinista. Todos aguardaban en fila para que el supuesto sacerdote —traje de espuma blanca sobre su piel de noche— mascullara el futuro entre una y otra chupada a su tabaco.

Rubén estuvo a punto de seguir su camino, pero una chispa de intuición lo hizo detenerse y estudiar de nuevo el conjunto. Confundida entre los disfraces, descubrió a una figura de mirada hipnótica cuya expresión no supo descifrar. Allí, con su largo traje de lienzo blanco y sus sandalias precristianas, estaba la desconocida de la biblioteca.

3

Esta isla se vende. Ni siquiera se subasta: se vende al por mayor. No sólo su mano de obra, sino también su alma; cada creencia, cada versículo, cada canto de sus religiones, cada pincelada de quienes la dibujaron durante siglos. Y ahí están esos que vienen con toda su cultura a cuestas, pero que siguen sin entender nada. Oyen la jerigonza de ese estafador con la misma ingenuidad con que aceptan todo lo que leen sobre esta isla. ¿Cómo se les ocurre que un sacerdote haría de su credo un espectáculo pagado en dólares? Pero allá ellos si gozan con el engaño. Tal vez de eso se trate: de creerse a toda costa lo que le pongan a uno delante, sin cuestionarse mucho... ¿O estaré siendo injusta? Quizás sea muy difícil llegar al fondo de este enredo. Incluso para nosotros. No hay Dios ni cristiano que entienda qué carajos pasa aquí. A lo mejor estamos tan aislados que nos hemos convertido en otra especie. Somos bichos raros. Los cubanos somos los marcianos de la Tierra, y sólo un extraterrestre puede entender lo que le pasa a otro.

¡Mal rayo me parta! Daría cualquier cosa por dejar esta manía de cuestionarlo todo; por eso estoy como estoy: a punto de que me boten del trabajo por meter las narices donde no debo. Aunque ¿cómo iba a callarme sabiendo que estaban traficando con los cuadros del museo? ¿Y qué iba yo a imaginar que eran órdenes de «allá arriba»?

Eres una idiota, Claudia. Vas a morir como los peces, por la boca. Pero es mi destino: abogar por las causas perdidas, por los desquiciados, por todo lo que esté condenado sin remedio. Es algo que no puedo evitar. Como no puedo quedarme con los brazos cruzados mientras venden mi isla a retazos... Esto es peor que la «fiebre del oro» que ocurrió en mi época de estudiante, cuando se abrieron aquellas casas de cambio y la gente entregaba sus dientes de oro, sus vajillas de porcelana heredadas de los abuelos y las joyas familiares que habían sobrevivido guerras y cataclismos, a cambio de unos bonos para comprar comida, un ventilador o un minúsculo auto que a los dos años ya no servía; porque era tanta la miseria que la gente se olvidó hasta de sus antepasados. Nada importaba más que sobrevivir. Parecía el regreso de la colonia. Por eso el gobierno se encabronó tanto cuando la gente empezó a hablar de «la casa de Hernán Cortés», porque allí cambiaban el oro por baratijas como hacían los españoles con los indios... El nombrete se lo puso la propia gente que llevaba sus tesoros allí. ¿Qué otra opción les quedaba sino burlarse de su propia miseria? Era el único modo de aliviar el trauma. Desprenderse de aquellos objetos significaba renunciar al legado de la sangre, porque esos objetos eran más que objetos: eran trozos de espíritu que se vendían para que la carne pudiera seguir viviendo: ayer fue una prenda de la bisabuela; hoy, un cuadro; mañana, un culto o lo que quede de un pasado que debió de ser espléndido, a juzgar por lo que ha sobrevivido... Mi abuela casi se muere de tristeza cuando tuvo que renunciar a una cucharita de plata, el primer regalo que le hizo a mi madre cuando la supo embarazada: la primera cuchara que usé.

Pero ahora es peor. La venta no se limita a los objetos personales, sino a aquellos que, por pertenecer a todos, no deberían pertenecer a nadie. Ni a los orishas respetan ya, y eso sí que es preocupante. Nada bueno puede esperarle a un pueblo que se deja robar sus santos.

Me gustaría saber qué piensa Muba de esto. Hace más de un mes que no la veo. Sabe Dios por dónde andará esa negra, siempre jalándole las orejas a sus protegidos... Porque alguien tendrá que castigar a esa gente que se dice religiosa y luego vende la palabra de sus orishas. ¡Qué tipo tan descarado ese babalao! Quisiera ver qué cara pondría si Muba se le apareciera por un instante. Me gustaría saber qué haría. Seguramente morirse del susto. Y esos extranjeros... ¡Qué pena, santísimo, qué pena! ¡Cómo se dejan engañar los pobrecitos! Muba, ¿dónde te has metido? ¿Por qué no paras la pata y descansas un rato? ¿No te bastan tus doscientos años de muerta para sentar cabeza?

4

Sintió una presencia junto a ella, pero no quiso prestarle atención.

—¿Te sigue interesando la rebaja?

Antes de volverse, recordó de pronto por qué no se había marchado.

—Estaba a punto de irme —insistió él.

—Y a mí casi se me olvida —respondió ella, desviando nuevamente su atención hacia el grupo.

Él siguió su mirada.

—¿Te interesa la santería?

—Más bien me interesa ver cómo engañan a la gente.

Casi en seguida se arrepintió de haber dicho aquello. Qué estúpida. Mira que exponerse así ante un tipo que podía pertenecer a la misma cofradía que el babalao.

—El que por su gusto muere, la muerte le sabe a gloria —sentenció el hombre.

Ella prefirió no contestar, y él interpretó su silencio como una aprobación a sus palabras.

—¿No tienes hambre?

—Un poco.

—Te invito a comer.

—¿En dónde? Mira la cola que hay en El Patio.

—No te preocupes. Vamos hasta La Bodeguita.

—Allí va a ser peor.

El hombre se echó a reír, y fue el tono de esa risa lo que, por primera vez, le infundió cierta confianza.

—Poderoso caballero es don Dinero —canturreó él, como quien explica algo muy sabido a un niño—. Pero primero acompáñame al carro; tengo que guardar todo esto.

Se sintió un poco avergonzada de caminar junto al hombre que iba empujando el carretón, pero él se comportó con el mismo aplomo que si llevara el cochecito de un bebé. Había aparcado su auto a un costado de la catedral. Ella notó que las puertas traseras estaban amarradas con sogas que salían y entraban por los orificios donde antes debieron estar las manillas. Lejos de mostrarse cohibido por aquella estampa de miseria, el hombre llevó el carrito hasta la parte posterior y lo amarró a un gancho de remolque que emergía bajo el maletero. Dos cadenas y cuatro candados después, se volvió hacia la joven.

—¿Vamos?

La Bodeguita estaba abarrotada; pero a diferencia de otros lugares, la gente no necesitaba estar sentada para que le sirvieran de comer.

—Espérame aquí —le ordenó, indicándole un rincón vacío junto al mostrador.

Lo vio acercarse a un camarero que se ocupaba de batir un elixir helado y extenderle subrepticiamente un par de billetes que reconoció, pese a la distancia, antes de pedirle una orden de dos panes con lechón y dos mojitos.

—Eso es ilegal —susurró ella, cuando él regresó a su lado.

—¿Qué cosa?

—Andar con dólares. ¿Sabes que te pueden meter preso?

La observó como quien descubre una especie nueva.

—No te preocupes, ese tipo es como mi hermano —y de pronto le tendió la mano—. Rubén.

Por primera vez en toda la tarde, ella sonrió.

—Es verdad —dijo—. Llevamos media hora hablando y no nos hemos presentado... Claudia.

—Por fin se aclara el misterio.

—¿Misterio?

—Voy a confesarte un secreto: no es la primera vez que te veo.

—¿Ah, no?

Y le contó sobre sus días de estudiante en la biblioteca y su obsesión por la desconocida que hojeaba libros de arte. Claudia recordó de inmediato las circunstancias: la profesora les había dado la opción de escoger cualquier tema como trabajo final de semestre; ella se había decidido por el arte erótico grecorromano. La conversación derivó luego hacia sus carreras. Él se había graduado en el Instituto Superior de Arte y después había trabajado como profesor de pintura; pero no le dijo que lo habían botado de su trabajo. Se limitó a comentar que prefería trabajar como artesano porque así podía conseguir dólares con los extranjeros que le compraban. Ella le contó que trabajaba en el museo de Bellas Artes; pero no se atrevió a confesarle que estaban a punto de echarla por protestar contra la venta de obras del patrimonio nacional. Sólo mencionó de pasada que había tenido un problema con su jefe y que quizás no duraría mucho en aquel puesto.

Hablaron incansablemente, sin dejar de jugar a ese póquer tan habitual entre cubanos: calibrar la sinceridad del prójimo. Era una pesadilla que se alzaba entre todos, oponiéndose dolorosamente a la propia esencia del isleño que se debatía entre su natural deseo de ser amistoso y la necesidad de no mostrar sus sentimientos hasta saber bien quién era el otro. Más que un diálogo, se trataba de un duelo: todo un arte que los convertía en émulos de cualquier agencia de contraespionaje, sin proponérselo. Al fin, cansados de medirse y replegarse, soslayaron los asuntos peliagudos y se ocuparon de temas menos inmediatos y, por tanto, más seguros: Botticelli, la música medieval, las ruinas de Pompeya, los filmes sobre la leyenda del Santo Grial...

Por fin llegaron los panes y los mojitos. La conversación decayó durante unos instantes. Comieron con la pasión del peregrino que agoniza en el desierto y descubre, a punto de morir, un puñado de frutas dejado allí por la mano de Dios; comieron con el desespero de quien padece un hambre tan antigua que ya forma parte de su memoria genética. Y mientras saciaban aquel apetito secular experimentaron una rara comunión, como si el ritual de comer —tan escaso que su celebración cobraba visos de magia— anunciara vínculos que trascenderían el presente. Eso los hizo sentir reconfortados, en el bíblico sentido del término: habían celebrado la sacra misa del cubano.

Fue en aquel instante supremo del pan y del cerdo

sazonado con cebollas y ajos y naranja agria, y de la bebida dulzona y fragante por la yerbabuena, cuando Claudia vio la conocida figura que le sonreía desde el otro extremo del mostrador. Se quedó inmóvil, con su último bocado en la mano, atenta al avance de la mujer que se abría paso entre la gente sin que nadie más la viera.

—'Ta bien que se alimente, niña —le dijo la negra con su acento de esclava bozal que ni la muerte le había hecho perder—, pero jabra mucho lo'sojo y mire con quién se ajunta, no vaya ser que la comía le salga maj cara que l'ambre.

—¿Hay peligro? —preguntó Claudia en voz alta, sin darse cuenta de que no estaba sola.

—No me pongue'n la boca cosa que no dije. Na' ma' le ha dicho que jabriera bien lo'sojo, po si la mojca.

Rubén también había dejado de comer, pero por razones diferentes a las de Claudia. Repasó lo que acababa de decirle, pero lo que creía recordar no tenía relación con la pregunta de ella.

—¿Peligro? —repitió.

Sin embargo, la joven no se dio por enterada: con los ojos abiertos, miraba fijamente hacia un sitio indeterminado.

—¿Claudia? —volvió a llamarla.

Ella pestañeó, y pareció como si una telaraña cayera de sus ojos.

—¿Sí?

—¿Te pasa algo?

—No, ¿por qué?

—¿Qué dijiste del peligro?

—Yo no he dicho nada.

Rubén prefirió no insistir. Sabía que estaba ocurriendo algo fuera de lo normal, pero ni siquiera logró imaginar qué podía ser. Decidió adoptar el aire indiferente de un lord inglés, aunque por dentro se moría de curiosidad. ¡Qué mujer tan extraña! Le gustaba tanto que casi le daba miedo. Terminó de comer su bocadito, sin dejar de observarla de reojo. Claudia también terminó el suyo, sin dejar de echar miraditas disimuladas hacia un rincón donde, por más que Rubén miró, no logró descubrir nada.

5

... Y eso que tú no conociste a la Mora. Al lado de ella, tu Claudia es una niña de teta. Esa Mora sí que se las trae. Y con una como ella no valen las medias tintas. Algo malo le pasó a esa mujer; algo que a estas alturas no he podido averiguar, pero que debe haberle agriado el carácter. No sé, pero tengo la impresión de que la Mora que yo conozco no es la Mora de verdad. Lo digo por intuición. A veces se quedaba mirando al vacío, como si soñara con cosas que sólo ella sabía. Hasta la expresión le cambiaba y se ponía toda suavecita. Pero cuando yo trataba de preguntarle, desaparecía la blandura y regresaba la otra. Para mí que esas sonseras tenían que ver con un tipo, porque ella tiene un niño chiquito y nunca quiso hablarme del padre... ¡Sabe Dios! A lo mejor el tipo se suicidó o se fue del país. Vaya usted a saber. Pero era como si se lo hubiera tragado la tierra, porque en el año que anduvimos juntos nunca dio señales de vida, y ella —me consta— tampoco lo buscó... Fuera lo que fuera que le hubiese pasado, le dejó un carácter de mil diablos; aunque yo le tenía lástima... Todavía le tengo. No sé por qué hablo en pasado, si no se ha muerto; debe de ser el subconsciente. Me huelo que ya no volveré a empatarme con ella. La he visto por ahí, de pasada, pero ella se hace la loca y ni me saluda. No la culpo. Yo estaba casado cuando nos empatamos, y tengo tres chamacos. Tú sabes que, con fiñes, la cosa cambia. Pero también te digo que si no hubiera sido por ellos me habría divorciado. Esa Mora me saló la vida... Si yo estaba tranquilo, compadre. Tenía mis «asuntos» por ahí, pero sin lucha. La verdad es que yo no soy un tipo mujeriego. Claro, a veces uno tira sus canitas al aire, pero eso es de Pascuas a San Juan. Además, a mí nunca me han gustado los problemas. Lo único que me interesa es vivir bien, y lo había logrado gracias a mi trabajo. Soy ayudante de Toño, ¿te acuerdas de él? Ahora es el carnicero del barrio... ¡Claro que terminé la carrera! Pero ¿de qué carajo sirve un diploma de economista en un país donde la economía se está yendo a la mierda? Además, ¿tú sabes lo que gana un graduado universitario? Doscientos cincuenta pesos: cinco dólares al mes. ¿Y qué coño hago con cinco dólares, teniendo mujer y tres hijos? Te digo que estaba a punto de cortarme las venas el día que me encontré con

Toño en Los Dos Hermanos. Entré al bar para olvidarme del mundo. Allí fue que el socio me iluminó. Le hacía falta un ayudante, alguien que se ocupara del trabajo más pesado: cortar la carne, ponerla en los ganchos... Así tendría más tiempo para sus mujeres. El tipo andaba con tres distintas; dos de ellas, casadas. Se las da de supermacho, del que las liga fácil; pero yo sé que se acuestan con él porque les aumenta la cuota de carne... No, compadre. Aunque venga medida, hay trucos. Toño es una bestia en eso. Ahora tengo carne extra para mis chamacos y vendo el sobrante en la bolsa negra. Le saco unos cuantos dólares, y con eso me voy a las diplotiendas y consigo varias cosas, desde aceite hasta champú. Créeme, hermano, ser carnicero es toda una carrera. Desde que me metí en el negocio, las mujeres me persiguen como moscas... con la diferencia de que yo no soy tan cretino como el Toño. Yo sé que esas jevas me buscan por la cuota extra de carne y no por mi linda cara, pero ¿a mí qué me importa si yo no voy a casarme con ninguna? La cosa funcionaba de lo mejor, el mundo se iba arreglando solito cuando apareció la puñetera tipa. Ahí mismo se me jodió la existencia. Y eso que no me hice ilusiones con ella. Al principio era de lo más modosita... No, si no estaba fingiendo. Ya te dije que tenía un trauma o algo así. ¡Que no sé, compadre, nunca pude enterarme! Te juro que me hubiera casado con ella de no haber sido por mis chamacos. Ella también se enamoró de mí; por eso nos separamos. Ya ves, así es la vida. La cosa se complicó. Yo hubiera seguido hasta el fin del mundo, pero ella se hartó de la situación. Creo que le dio miedo haberse enamorado. Fíjate que después de dejarme estuvo un tiempo sola y luego empezó a andar con otros tipos, aunque ninguno fijo. Y no creas que soy como Toño, que me invento las cosas. Fue Sissi quien me lo contó. Sissi es una amiga de ella que se acuesta con Toño. Me dijo que la Mora me había dejado porque no quería que le pasara lo mismo de la otra vez; aunque por más cuerda que le di tampoco quiso explicarme qué había sido lo de «la otra vez». Así es que me quedé igual que antes: en ascuas. Lo peor es que no he podido sacármela de la cabeza. Y sé que tengo que hacerlo porque esa mujer no es para mí. Lo sé por el modo en que miraba al vacío y por esa expresión de loca mansa que le ponía a sus recuerdos.

6

Todo debía estar listo para cuando llegara el camión de la carne y comenzara a amontonarse la multitud desesperada por recibir la minúscula porción que le correspondía; pero primero era necesario asegurarse de que los frigoríficos estuvieran limpios, si es que puede llamársele limpieza a lanzar cubos de agua por doquier, ayudándose de una manguera, mientras se intentan borrar los restos de sangre coagulada con una escoba casi pelona.

Es difícil mantener la higiene en un sitio donde el

detergente brilla por su ausencia. Sin embargo, Gilberto se las ingeniaba para improvisar soluciones en su batalla semanal contra la pestilencia. Como siempre, puso a hervir una enorme cubeta con agua sobre un improvisado horno de ladrillos frente a la carnicería, después lanzó manguerazos a las paredes y al interior de las neveras, y dejó para el final el agua que bullía en el recipiente ahumado. Las paredes exudaron vapor al ser bañadas con puñados del hirviente líquido que él recogía de los cubos con un jarro destartalado y después arrojaba a las neveras, al suelo y sobre el mostrador.

Cuando Toño se apareció, recién bañado y fresco, a las seis y media de la mañana, los azulejos de la carnicería —los pocos que quedaban intactos— relucían con ese brillo apagado de la decrepitud que intenta mantener su antigua dignidad.

—¿Vas a hacer algo el sábado?

Toño se sentó a fumar sobre un barril, mientras contemplaba a su ayudante colgar en ganchos la mercancía que bajaba del camión.

—No —dijo éste sin mirarle, afanándose en cortar un trozo de hueso que le impedía separar el resto de la carne—. ¿Por?

—Tengo una reservación para cuatro en Tropicana.

—¿Cómo la conseguiste?

—Se la cambié a un portero de allí por tres libras de picadillo.

—Lo siento, mi hermano; pero ya sabes que a Leticia no le gusta dejar solos a los niños.

—¿Y por qué tienes que ir con tu mujer? Sissi me dijo

que una amiga suya... —se interrumpió al ver la mirada de Gilberto, y se apresuró a aclarar—. Es bonita, ¡un bombón! Yo la he visto.

Gilberto volvió a su labor.

—De todos modos, no puedo. ¿Qué voy a decirle a Lety?

—No te preocupes, ya pensé en eso. El sábado por la tarde me llego a tu casa y monto un show.

—¿Qué tipo de show?

—Una tía abuela que se me murió, la mismita que me crió desde niño. ¡Pobrecita, tan buena! No me digas que no vas a acompañarme en el velorio.

Fue Leticia quien insistió para que su marido se pasara la madrugada con el pobre Toño, porque gracias a él se le había quitado la anemia a Lorencito con aquellos filetes de hígado que les había regalado. Y Gilberto hasta pudo echarse un poco de colonia sin que ella sospechara. Después de todo, la difunta era la madre de crianza de su jefe y debía corresponderle con respeto.

Las dos parejas se encontraron a la entrada del cabaret al caer las primeras sombras de la tarde. Cuando ellos llegaron, las mujeres ya estaban allí, admirando el parpadeo de colores que emergía de la masa vegetal. Eran juegos sicodélicos de luces que contrastaban con el estilo seudoclásico de los años cincuenta. Siempre resultaba una insólita experiencia contemplar aquellas estatuas griegas que parecían danzar en medio de una bacanal eléctrica.

Sissi saludó con desenfado a ambos hombres y se volvió para presentar a su amiga. La muchacha parecía algo nerviosa; no habló mucho durante la comida y menos aún durante el espectáculo. Mientras los otros dos se hacían carantoñas, Gilberto y ella se limitaron a intercambiar comentarios sobre la música o los bailarines. Gilberto había imaginado que la amiga de Sissi sería una muchacha casquivana, o tal vez una de esas infelices que se entregaban a la prostitución para sobrevivir. Pero se equivocó. La joven se mantuvo todo el tiempo con la mirada fija en el escenario, tiesa como una estaca y sin sonreír. Gilberto empezó a ponerse nervioso después de intentar un comentario ingenioso, por enésima vez, sin obtener otra reacción que un leve asentimiento de cabeza. Al principio probó a contar ese tipo de chistes que solía darle resultado con otras: mezcla de humor popular y doble sentido que relajaba el ambiente. Pero notó que las alusiones sexuales, lejos de arrancarle una sonrisa, la ponían más tensa. Luego ensayó algunas observaciones críticas sobre la escenografía, que ella secundó a medias y que parecieron tranquilizarla un poco. En un momento dado, mientras Toño y Sissi bailaban en la pista y él fingía mirarlos, observó de reojo que su pareja deslizaba dos o tres emparedados en su bolso. Aquello terminó por deprimirlo. ¿Para qué diablos había venido esa mujer a un cabaret, si ni siquiera quería bailar? Decidió no hacer nuevas tentativas de aproximación y se dedicó a disfrutar del espectáculo... o a fingir que disfrutaba. En realidad, por alguna oscura razón, el mutismo casi aterrado de la muchacha lo turbaba profundamente.

Los otros regresaron a la mesa, ajenos al silencioso duelo donde cada estocada se había atascado ante un muro impenetrable. Pero la actitud de ambos resultaba demasiado anómala; nada más extraño que sus rostros hieráticos en aquel ambiente que se debatía entre el carnaval y la orgía. Gilberto notó que Sissi le echaba varias ojeadas a su amiga y que un par de veces le decía algo al oído, pero la esfinge replicó de manera susurrante sin alterar su expresión.

La tortura duró dos horas más. Dos horas más para observar los cuerpos sudorosos que sacaban chispas de sus movimientos —un fenómeno natural que sólo es posible observar en un generador de alto voltaje o en las caderas de una criatura que ha nacido en el trópico—. Finalmente Sissi dijo que quería irse. Eran las dos y media de la madrugada.

Tomaron un taxi en dirección a La Habana Vieja. El vehículo descendió por la empinada cuesta de la calle 70 hasta la Quinta Avenida; luego dobló hacia la derecha y recorrió el desértico paseo de árboles recortados hasta hundirse en el túnel del río Almendares. Emergieron en pleno Vedado. El taxi bordeó todo el Malecón, a esa hora lleno de tratantes, prostitutas y turistas extranjeros, y desembocó en la avenida del Puerto. Pasaron junto al Muelle de Caballería, donde la lanchita recogía a unos pocos trasnochadores para cruzar la bahía, y se detuvieron unas cinco cuadras después, frente al Muelle de Luz. Toño y Sissi se perdieron por una de las estrechas callejuelas que ya existían desde la colonia, y Gilberto y la esfinge se quedaron contemplando las aguas de la bahía más contaminada del mundo.

—Me marea —dijo ella.

—¿Qué?

—Ese tufo a petróleo quemado. No sabes cómo me gustaría limpiarlo todo y quedarme a solas oliendo el mar.

Gilberto no dijo nada. No sólo era una esfinge: hablaba como una esfinge.

—¿Vives muy lejos?

—No.

—Te acompaño hasta tu casa.

Echaron a andar en silencio, alejándose de la costa.

—¿Por qué te dicen la Mora?

—Sissi es la única que me llama así.

—¿Por qué?

—Qué sé yo. Sissi es medio loca. Un día se me perdió un anillo que tenía una perlita y yo estuve muchos días buscándolo. La segunda vez que me sorprendió en la misma calle, asomándome por la alcantarilla donde creí que se me había caído, empezó a recitar aquello de «Una mora de Trípoli tenía una perla rosada...». Desde entonces se me quedó el mote.

—Yo creí que era por lo de gitana —y como ella lo mirara con aire de interrogación, añadió—: ¿Nunca te han dicho que tienes ojos de gitana?

—No sé cómo son las gitanas. Nunca he visto ninguna.

—Bueno, yo voy al cine. Uno puede inferir muchas cosas de las películas. ¿Nunca viste *El amor brujo* o *Los gitanos se van al cielo*? Yo siempre me he imaginado a las gitanas con los ojos almendrados, como los de las estatuas hindúes.

La esfinge lo miró sin dejar de caminar. Él no pudo saber si su expresión era burlona o interesada.

—Mi mujer y yo nos llevamos mal —mintió.

—¿Eres casado?

—Sí, pero no creo que dure mucho.

A ella no pareció importarle lo uno ni lo otro. Tenía aquella expresión... la misma que Gilberto le veía luego muchas veces; un aire de estar en otro mundo, a mil leguas de allí.

—¿Quieres que volvamos a vernos?

Ella se encogió de hombros.

—Yo trabajo con Toño, en la carnicería que está cerca del bar. La verdad es que nunca imaginé lo fácil que me sería algún día conseguir carne...

Dejó de hablar al sentir el furor de su mirada.

—¿Qué quieres decirme con eso?

Gilberto se maldijo. Había buscado desesperadamente alguna forma de despertar su interés y no se le ocurrió más que usar el mismo recurso que ya había utilizado otras veces con cierto tipo de mujeres. Pero la Mora era diferente. Tuvo una idea salvadora.

—Iba a explicarte lo que hacía antes de estar allí.

Caminaron varios metros más, sin cruzar palabra.

—Era economista.

Pero ella no volvió a hablar hasta que se detuvo frente a un edificio con los balcones apuntalados y los muros llenos de humedad.

—Gracias por acompañarme —dijo ella, tendiéndole una mano helada.

Él la retuvo unos instantes, mientras rogaba por una

pizca de inspiración. Era obvio que su gastada estrategia no daría resultado. Frente a esa mujer no valían los clichés. Tendría que buscar dentro de sí algo que fuera realmente auténtico, si es que aún le quedaba una gota de lo que había sido años atrás.

La vio dar media vuelta y atravesar el umbral; y escuchó sus pasos perdiéndose en las tinieblas del pasillo.

—¿Quieres ir a un concierto de rock?

7

Siento un hambre milenaria, de esas que corroen la bilis y el alma. Es un mal inextinguible que ya era mío antes de nacer porque mi madre ya lo padecía. No logro imaginarme cómo sería la vida sin este afán por devorar, por apoderarme de cada trocito del mundo y convertirlo en parte mía. Así comienza nuestro génesis: «En el principio fue el Hambre, y Su espíritu se deslizó sobre la superficie de los campos devastados, y fue el año treinta y cinco de Su advenimiento.» Yo, caníbal en esta isla que se engulle a sí misma. Yo, devoradora de cuanto puede ser devorado en sueños. Yo, antropófaga que fantasea con la pulpa de los mameyes que ya crecían cuando llegó Colón. Yo, shamana que alucina, nirvánica, con hundirse en la masa perfumada del pan en extinción... Pobre cazadora de alimentos míticos que estuvo a punto de ser devorada por su propio hijo cuando éste se revolvía en su vientre porque apenas podía hacerle llegar un poco de alimento. Pobre hijo que también ha heredado el hambre que su madre le legó; la misma que ella, a su vez, recibiera de la suya. Herencia que se acumula de generación en generación. Ahora soy más pobre que antes. Sólo tengo para vivir mi hambre y la de mi hijo; y ni siquiera puedo compartir esta pobreza con quien me enseñó a ser menos pobre, porque nunca volví a verlo. No sé si lo mataron o si seguirá preso o si se fue en una balsa, como me dijo muchas veces que haría. Tal vez terminó suicidándose en algún rincón oscuro, lejos de mí.

Pero no quiero pensar en eso, sólo en mi hijo. Debería hacer como las otras: cerrar los ojos y salir de noche, convertirme en una presa y ser yo misma una depredadora... Sissi insiste en que seríamos el equipo perfecto: las más cotizadas de toda la ciudad. Pero yo no quiero convertirme en otra Sissi que hasta el nombre ha tenido que cambiarse. Dice que es una protección, un disfraz común entre las de su oficio, una máscara como las que usaban las geishas, esas japonesas putas y sabias que vendían su cuerpo después de atiborrarse de cultura durante años. En eso nos hemos convertido las cubanas: en las geishas del hemisferio occidental. ¿De qué nos sirvieron los tratados sobre arte, las discusiones sobre las escuelas filosóficas en tiempos de Pericles, las lecturas sobre los orígenes hegelianos del marxismo, las disquisiciones sobre el neoclásico, los paseos por La Habana Vieja para estudiar los edificios ante los cuales pasamos tantas veces sin darnos cuenta de que eran los más bellos ejemplares del barroco caribeño? ¿Para terminar en la cama con un tipo a cambio de comida?

Si acepté acompañarla fue sólo para ver de cerca lo que podía ser esa vida, pero no quiero volver a intentarlo. No sé cómo puede acostarse con un tipo al que desprecia, porque eso me ha dicho mientras esperábamos a la entrada del cabaret. Los desprecia a todos porque es sólo su obligada miseria, y no su falta de inteligencia, lo que la obliga a venderse. Pero no me trago su cuento de que es ella quien los utiliza; el uso es recíproco. Menos mal que al otro no se le ocurrió propasarse. No parecía un mal tipo; pero yo, por si acaso, ni siquiera le reí los chistes. Vaya a saber lo que pensaría al verme con Sissi. Seguro se imaginó que yo era como ella. Pobre Sissi, con su título de historiadora pudriéndose en una gaveta... Aunque el tal Gilberto anda más o menos en las mismas. Si es verdad que fue profesor de economía, ¿qué hace de carnicero? En el fondo me dio hasta lástima, y eso es una desgracia. Desconfío de mí cuando un hombre me inspira lástima. Es algo que prefiero no sentir, porque detrás de esa lástima se esconde siempre un poco de ternura; y no me gusta sentirla, me espanta. Sólo me la permito hacia mi hijo, a quien debo compasión por haberlo traído a este mundo; y porque, al mirarlo, vuelvo a ver los rasgos de ese otro por el que una vez sentí algo semejante.

8

El cielo se licuaba sobre La Habana. Ramalazos de lluvia castigaban los techos de la ciudad, que se caía a pedazos cada vez que algún aguacero irrumpía en su atmósfera. Únicamente las plantas que habían encontrado un insólito nido en las grietas de los muros y en las losas rotas de los balcones parecían beneficiarse de la furia celestial. A medida que su verdor aumentaba entre las paredes centenarias, la integridad de las antiguas construcciones se batía en retirada. Poco a poco se iban haciendo polvo los ejemplares irrecuperables de una urbe que había sido declarada Patrimonio de la Humanidad.

Huyéndole a los charcos que se sucedían en las calles resquebrajadas de la Beirut del Caribe —como la llamaban sus habitantes—, la mujer corría entre los chorros de agua que se derramaban sobre las aceras, después de deslizarse por las canaletas que se abrían a ras del suelo o, lo que era peor, desde los balcones. Cada vez que tenía que correr bajo la lluvia, se sentía como Schwarzenegger en la película *Terminator*. Se veía a sí misma con unos ojos electrónicos que iban recorriendo el paisaje que la rodeaba y que le avisaban de antemano sobre los obstáculos que debía sortear. A dos metros, un socavón lleno de fango... ¡Bordéalo! Más allá, una corriente que emerge de una cañería empotrada en la pared... ¡Salta! Así imaginaba ella que iban apareciendo los letreros de aviso en su cerebro. Ese juego del «distanciamiento», como ella lo llamaba, le permitía soportar lúdricamente las molestias diarias. Se hacía la idea de que no era ella quien vivía todo aquello. Sus fatigas eran, en realidad, parte de una película, porque ella era una actriz famosa a quien todos admiraban. Pronto el director gritaría «¡corten!», y alguien vendría corriendo a secarle los pies enlodados, a brindarle un bocadillo, y a acompañarla a su camerino donde se daría una ducha tibia y se pondría una bata de seda blanca, como la que vio en un catálogo que un amigo trajo de afuera. Toda esa miseria que la rodeaba, todas aquellas incomodidades, sinsabores y angustias, no eran ciertos; sólo parte de un guión que algún día terminaría. Y ése era su juego preferido. Su perenne pasatiempo. Su última esperanza.

Atravesó corriendo la estrecha entrada del solar, sin poder esquivar las múltiples cataratas que se derrumbaban literalmente sobre su cabeza desde los pasillos abalconados. Llegó al final del patio y empujó la puerta que sabía abierta. Sobre la cama, Nubia jugaba con el niño.

—¿Cómo se portó? —dejó sobre la mesa una enorme bolsa de papel marrón, a punto de desintegrarse por la lluvia.

—Muy bien, como siempre. —Nubia le dio al niño un cubito de madera que en otra época fuera rojo.

—Tengo un hambre...

—¿Qué trajiste? —Nubia se acercó a la mesa, donde su amiga comenzó a ordenar los paquetes que iba sacando de la bolsa.

—Arroz, sólo me dieron la mitad de la cuota del mes pasado, porque la de éste todavía no ha venido. Aquí está el tuyo. También traje café, aceite y huevos.

—¿Este poquitico de aceite?

—Y tiene que alcanzar para todo el mes.

—¿Seis huevos?

—Para toda la quincena. El azúcar no llegó, dicen que hay atraso. —Sacó tres paquetes más—. Conseguí este macito de ajos y una libra de frijoles en el mercadito.

—¿Trajiste la carne?

—Media libra de puerco que me vendió un guajiro a escondidas, porque los policías le quitarían una parte si se enteran que está vendiendo carne.

—¿Por qué?

—Se aprovechan de la escasez y sólo permiten vender a quienes les entregan un poco de mercancía gratis.

—¡Qué delincuentes!

—Te debo sesenta pesos. Tuve que terminar de pagar con tu dinero.

—No seas boba, ya te dije que lo de hoy iba por mí. Vamos a hacer la comida que estoy herida del hambre.

Empezó a revolver las cazuelas mientras la otra la veía hacer, demasiado agotada para ayudarla.

—Y del trabajo, ¿qué? —preguntó Nubia desde el rincón de la habitación donde estaba la improvisada cocina.

—Nada.

—No puedes seguir así; tienes que olvidarte de un trabajo normal. ¿Por qué no te dedicas a otra cosa?

—¿Como qué?

—No sé. La gente se la busca de cualquier manera: pone un restaurante clandestino, un «paladar», o vende comida para la calle, o monta un taller de algo.

—Tú estás loca, Nubia. ¿Con qué voy a hacer nada de eso? En primer lugar, aquí no hay espacio ni para poner una mesa. En segundo, para vender comida necesitaría un contacto con alguien que se la pudiera robar de una diplo o de un almacén. Y eso del taller... ni soy mecánico, ni sé nada de arreglar planchas o televisores.

—Hablo de un taller de costura, boba. Bordar pañales, tejer...

—Si no pude hacerlo para Davicito, ¿cómo crees que voy a hacerlo ahora?

—Yo te enseño.

—Deja, mejor sigo con mis traducciones.

Nubia la contempló con cierto hastío, antes de volverse hacia el fogón para comenzar a salar la carne. Era una mujer que no había rebasado su segunda década, pero que ya aparentaba más de treinta años... nada raro en quien jamás había conocido lo que era una crema para el cutis, o un jabón sin potasa, o una dieta abundante en frutas.

—No sé cómo vives —gruñó Nubia desde su rincón—. Con lo que te pagan por esas dos o tres traducciones al mes...

—Y gracias que las tengo.

Nubia sabía que su amiga sobrevivía gracias a la ayuda de un misterioso benefactor, a quien no había podido conocer, que le pasaba algunas de las traducciones que él recibía de una editorial. Su amiga trabajaba con ellas en su casa y después se las devolvía para que él las entregara a la editorial como si fueran suyas; él recibía el cheque y, tras cobrarlo, le daba el dinero a la joven. Al parecer, aquellas traducciones no le hacían mucha falta a su benefactor, fuese quien fuese. Por lo que Nubia había podido averiguar, se trataba de un trabajo adicional para el tipo, que trabajaba en un museo o algo así. Cuando él no tenía tiempo o no estaba apurado de dinero, le daba las traducciones a su amiga; pero aquello no le aseguraba una entrada fija, y Nubia debía socorrerla muchas veces, como había hecho ese día.

El olor del ajo frito llenó la habitación. El arroz ya hervía en el agua, sin mucha sal, para ahorrar. La Mora sintió que su boca se derretía con el aroma del cerdo, que ya empezaba a invadirlo todo. En las últimas semanas había estado sobreviviendo a base de arroz y pan; a veces logró conseguir algo de frijoles. Cuando Nubia se enteró, puso el grito en el cielo y la envió al mercado campesino, con dinero, para que trajera algo de carne.

—Nunca me contaste en qué paró aquella salida.

—¿Cuál?

—La noche en que me pediste que me quedara con Davicito porque ibas a Tropicana.

La Mora se acordaba de esa noche, pero no porque el espectáculo del cabaret fuera algo especial, ni porque ir a Tropicana se hubiera convertido en todo un acontecimiento para los cubanos sin dólares como ella, sino porque había sido la última vez que comió carne.

—Un desastre.

—¿Qué tal los amigos de Sissi?

—Te podrás imaginar. Anda con un carnicero que sólo de verlo se te revuelven las tripas.

—Bueno, cuando la gente se mete en esos menesteres no se puede andar escogiendo mucho.

—La verdad es que no sé si sentir lástima o rabia. A veces me daban ganas de entrarle a pescozones por puta; pero luego, cuando me acuerdo de cómo era ella de niña, se me encoge el corazón.

Nubia le hizo una seña silenciosa. El niño se había quedado dormido en medio de los desteñidos cubitos de madera que su madre empezó a recoger mientras proseguía en voz más tenue:

—Siempre termino sin saber qué decirle.

—No tienes que decirle nada.

—Es que me cuesta trabajo aceptar lo que es... lo que somos todos.

—¿Y quién fue tu pareja? —Nubia intentó desviar el curso lóbrego de la conversación.

La Mora se encogió de hombros.

—Un muchacho ahí.

—¿Cómo se llama?

—Gilberto.

Nubia revolvió la carne con una cuchara de madera, olfateando los vapores que subían hasta el techo ennegrecido por el humo del combustible.

—Ya casi está.

La Mora fue hasta el estante que colgaba sobre el fregadero y sacó un par de platos.

—¿Y qué hace ese Gilberto?

—Ayuda al carnicero; aunque, según él, era economista. Debe haberse graduado más o menos por la misma fecha en que nos graduamos nosotras.

—¿Ves? Ése es otro que se las sabe buscar. Te convendría alguien así.

—No quiero enredarme con nadie más.

—Pero estás tan sola...

—Mejor así que mal acompañada.

Se sentaron a la mesa. Nubia casi se atragantaba con la carne; pero su amiga mordisqueaba un pedacito aquí y otro allá, ahíta casi desde el inicio.

—¿No has vuelto a verlo?

—¿A quién?

—A Gilberto.

—Me ha mandado un montón de recados con Sissi, invitándome a no sé cuántos lugares; pero ni le he contestado.

—¿Por qué?

—Está casado.

—Ah...

—Me dijo que no se llevaba bien con la mujer.

—¿Y entonces?

—No estoy segura. Puede ser un truco.

—¿Y cómo vas a saberlo si no le das la oportunidad?

Se encogió de hombros y Nubia insistió:

—Por lo menos déjalo que se acerque. A lo mejor es un buen tipo.

Jamás lo hubiera reconocido en voz alta, ni siquiera ante Nubia que era su mejor amiga, pero sabía que necesitaba de alguien; y no por aquello que solía repetirle su abuela sobre la importancia de «tener a un hombre que la representara», sino porque en tiempos de crisis el clan era importante. Así habían sobrevivido los seres humanos en el Neolítico, y así estaban sobreviviendo todos en su isla. Mientras más miembros había en una familia, mayores eran las posibilidades de subsistencia: un poquito que trajera uno, se sumaba al poquito que conseguía el otro. Era lo más sabio.

Antes también era así, se dijo. Uno crecía en el seno del clan, o se unía a una tribu más numerosa, si la suya había sido diezmada por alguna catástrofe; y lo hacía libremente, sin que nadie le acusara de ser un traidor por buscar la supervivencia en otro pueblo, y eso que los Derechos Humanos no existían. Pero la lógica de la libertad individual se imponía por sí sola. Por si fuera poco, no había que preocuparse si la electricidad faltaba veinte horas seguidas porque no existía el peligro de que la poca comida que daban al mes se echara a perder en el refrigerador. Y tampoco importaba que no hubiese luz eléctrica porque siempre se podía tener a mano una piedra de pedernal y crear un fuego en cualquier descampado, o armarse de una tea para deambular por los alrededores. Pero ella vivía en medio de la civilización y no podía desplazarse por la casa a oscuras con una antorcha. Y como ahora no había velas, ni fósforos, ni combustible para el farol, tenía que quedarse a oscuras toda la noche a roer su desesperación en medio del sofocante calor... No, decididamente era mejor cuando los seres humanos vivían en cuevas. Nadie te obligaba a votar en unas elecciones que, de cualquier modo, ya estaban decididas de antemano; ni te coaccionaban con amenazas si no lo hacías porque había que mantener altas las estadísticas de participación; ni había que ir a las reuniones del comité y aplaudir, aunque uno no tuviera ganas. En la tribu, las cosas eran diferentes: nadie te echaba del trabajo porque dieras una opinión distinta a la del jefe. Quizás de vez en cuando se sonaran alguno que otro mazazo, pero seguramente no había tanto miedo ni tantos traumas...

A retazos iba construyendo su nuevo filme. Esta vez, sin embargo, ella no era la actriz principal. Magnánimamente había cedido su papel protagónico a la propia trama. Revivía la película de Arnaud sobre los conquistadores del fuego... o más bien, hacía su versión personal para adaptarla a las circunstancias. Se veía a sí misma marchando junto al resto, por una llanura donde la nieve salpicaba las rocas —oh, el frío, qué ricura— mientras iba recogiendo fresas... ¿Crecerían las fresas donde hay nieve? Por si acaso, disminuyó la cantidad de islotes blancos de la escena. Ahora sólo había algunas manchas blancuzcas en los montes cercanos, pero el frío continuaba y un vientecillo gélido hacía crujir la antorcha que ella llevaba en la mano. El aire era límpido y olía a bosque húmedo, a yerbas y a frutos primigenios, engordados con el propio vaho de la tierra que aún no sufría por la química de los apestosos fertilizantes. Nada de olor a petróleo flotando en la bahía, ni a basura putrefacta porque hace una semana que no pasa el camión de la recogida, ni a nidos de ratones que pululan en la ciudad, ni a grasa quemada de autos y guaguas que van manchando las calles... No, aquel otro era el olor de la pureza, de la vida en estado salvaje y prístino, clara como las aguas de los manantiales que brotaban por primera vez sobre el planeta, al alejarse la Edad de los Hielos y aproximarse —oh, desdicha— la era de la civilización y el progreso.

Donde la imaginación es el pan del alma

La comida es una celebración de la vida: festejamos cada aniversario con golosinas de todo tipo; acompañamos las bodas con el acto simbólico de partir una torta de varios pisos, como si la felicidad dependiera de la cantidad disponible de «dulzura» con que iniciamos nuestro compromiso. El amor suele iniciarse con una cena en algún sitio especial. ¿Será la reminiscencia de un pasado en que la criatura conquistadora donaba su más preciada pieza de caza a quien deseaba rendir? Lo cierto es que el alimento es una especie de llave para abrir el corazón. Por eso el pan es sinónimo de comunión con el mundo espiritual.

Pero ¿qué ocurre cuando hay hambre de todo y a todas horas? ¿Qué pasa si ésta se prolonga hasta abarcar generaciones que crecen sin conocer lo que significa dividir su ración con el prójimo, o lo hacen con la angustia de perder lo poco que tienen? El resultado es la desaparición del vínculo que va de la comida al afecto: un fenómeno sinuoso como una culebra que deja su rastro por doquier.

Yo he vivido ese mal de hambres: una agónica trinidad que nos persigue desde el nacimiento. Trío infernal que nos desvela.

La más evidente es el hambre física; esa que padecen quienes han crecido anhelando perpetuamente la comida, esa que no permite celebrar la fiesta de estar vivos devorando una langosta a orillas del mar. Sin duda es la más común, pero no la más dolorosa.

Es peor el hambre espiritual, sobre todo cuando uno empieza a preguntarse cómo es posible soñar o tener experiencias paranormales si sólo existe lo palpable, lo visible, lo medible, lo fotografiable. Así empezó el hambre devota de mi generación. Necesitábamos de orishas y milagros. Y ahora nos hemos convertido en polífagos. Engullimos como anarquistas. Estamos ansiosos por devorar a Dios. He aquí el resultado de mezclar la sangre europea con la africana, y cocerlas a ateísmo lento durante cuarenta años: somos los mayores depredadores de dioses del hemisferio occidental. Bienaventurados Marx y compañía porque —gracias a ellos— *nuestro* será el reino de los cielos... Quizás allí logremos saciar el hambre más fuerte de todas, la única que se devora a sí misma: el hambre de amor.

Esa hambre de afecto es una pasión, un instinto, un ardor del alma donde la búsqueda de una caricia se convierte en una pesquisa frenética e indiscriminada; donde la naturaleza del sexo no importa mucho porque el ansia de amor es tanta que no es sano discriminar. Se toma lo que se encuentra... Cada cual ha ideado su propia manera de perpetuar ese elixir escaso y vital. Yo he prefido escribir: escribo lo que me falta, lo que he soñado tener, y eso me purifica. Es como si tocara la piel del Grial. Le di de comer a mi fantasía, y con ella destruí héroes, desvestí dioses, idealicé amantes... Me bañé con la miel que destilaba esa «loca de la casa» y jugué a imaginar mundos. Me disfracé de bruja y de gitana, de paria y de rebelde. Negué mi sexo —esa mansedumbre que me habían enseñado— para luego transformarlo en mi coraza, en mi orgullo, en una máscara perfecta. Cambié de amigos. Aprendí de esos desviados y reprimidos; y supe que yo también pertenecía a esa casta. Usé la imaginación para mis orgías espirituales y con ellas finalmente me conocí, porque uno puede convivir con su cuerpo y no llegar a saber jamás cuáles son sus secretos y sus fobias, sus obsesiones y sus morbos. La imaginación es el mejor afrodisíaco. Y con ella hasta el hambre se convierte en un perpetuo orgasmo.

SEGUNDA PARTE

—

DE LA CARNE Y EL ESPÍRITU

1

No digo que tu Mora no fuera difícil, pero nunca como Claudia. Te digo yo que esa chiquita era un fenómeno. Si yo hubiera sido un tipo con instinto, depués de haberla visto en aquel trance me hubiera perdido de allí pa'l carajo; pero como soy más curioso que un gato me empeciné en saber, se me metió entre los tarros entender a esa mujer, y ahí fue donde me jodí... No, si ya te dije que en esa época me habían botado de la escuela. ¿Nunca oíste hablar de la revista del ISA? Ah, eso fue un escándalo. Cuando abrieron la «casa del oro» sacamos un artículo... La verdad es que ni siquiera era un artículo; más bien nos burlábamos de nosotros mismos. Había una parte donde contábamos cómo los pobres indios iban a ver a Hernán Cortés para entregarle las pocas pepitas de oro que tenían, y entonces el tipo les daba algunas chucherías, con lo cual los indios se iban de lo más contentos para sus casas creyendo que habían hecho el negocio del siglo. Bueno, te imaginarás. Ardió Troya, Roma y hasta la Biblioteca de Alejandría; todo junto a la vez. Castigaron a no sé cuánta gente. A mí me botaron porque había sido uno de los promotores y, para colmo, era profesor. Menos mal que no había estudiado para médico. Si me hubieran expulsado de un hospital, como le pasó a un socio mío, habría tenido que terminar de sepulturero o cazando cocodrilos en la Ciénaga de Zapata. Pero como había estudiado arte, me dediqué a la artesanía. Ahora que hago carteras vivo mejor que antes. Y sobre todo, tengo *fulas*... ¿Quién me lo iba a decir? Y pensar que hace tres años te metían preso si te cogían con un dólar en el bolsillo. Pero así es la cosa en este país. Lo que hoy está prohibido, mañana —por obra y gracia del Espíritu Santo— ya no lo está. O al revés. Y eso es lo que más me encabrona: no saber nunca a qué atenerme, vivir a la buena de Dios, vigilando a ver dónde piso no vaya a ser que me hunda en un agujero que el día antes no estaba. Qué va, mi socio, con esta intriga no hay quien viva; yo creo que por eso hay tantos suicidios. Quizás si la miseria fuera parejita, a lo mejor uno la sobrellevaba mejor; pero lo malo es cuando te hacen creer una cosa, y luego te das cuenta de que te han engañado. Todo el puto día diciéndote que aquí todo se reparte por igual, y al final resulta que hay algunos que sí tienen de todo porque son quienes lo administran, mientras el resto se muere de hambre. Coño, compadre, el inglés ese que escribió lo de la granja fue un genio. Nostradamus era un comemierda al lado suyo. Y esto te lo digo en confianza, porque nos conocemos desde chamas: haber nacido aquí es como haber estado encerrado siempre, creyéndose que todo es gris, hasta que alguien abre un agujerito y ves que el mundo tiene millones de colores. Es un trauma, compadre. Te vuelves loco. Siempre diciéndote que el resto del universo apesta, que lo tuyo es lo único que sirve, y de pronto ni siquiera puedes pagar con tu propio dinero. Y si no eres extranjero, no eres persona. Te conviertes en un ciudadano de quinta categoría. No puedes entrar a casi ningún sitio, a menos que tengas los puñeteros dólares. Ni siquiera tus playas son tuyas. Dime, ¿no es para pegarse un tiro?

2

Finalmente había ocurrido. Debió imaginarlo la noche antes, cuando se le apareció el Indio; pero no quiso siquiera aceptar la posibilidad de un desastre.

A diferencia de Muba, que podía llegar en cualquier momento, el Indio sólo se le aparecía en los instantes críticos. Lo había visto por primera vez en su infancia, poco antes de que sus padres murieran en un accidente. Su madre acababa de apagar la luz del cuarto y de cerrar la puerta, cuando el extraño personaje flotó en la penumbra llena de juguetes, le hizo extrañas señas que ella no supo entender, y al final desapareció sumergiéndose en el closet. Dos días más tarde su llorosa abuela le dijo que, en lo adelante, vivirían juntas.

Volvió a aparecérsele años después, cuando era estudiante de preuniversitario, mientras recolectaba hojas de tabaco en una Escuela al Campo, en Pinar del Río. Tampoco entendió los gestos desesperados de aquel fantasma. Al día siguiente tuvo la mala suerte de ser ella quien descubriera el cadáver de una muchacha de su brigada que se había ahorcado en el baño. Fue entonces cuando empezó a sospechar que el Indio era un mensajero de malas nuevas.

Ahora había ocurrido otro encuentro. Estaba quedándose dormida y, de repente, escuchó como si un ratón se deslizara sobre papel de lija. Con terror vio la forma que se asomaba desde el interior de la pared: el rostro aguileño y lleno de cicatrices que nunca había olvidado. Era aquel muerto de quinientos años que volvía a hacerle señas. Claudia se preguntó si sería mudo; o tal vez los muertos sólo hablaban el mismo lenguaje que cuando estaban vivos. Si era así, a lo mejor el Indio sabía que era inútil tratar de comunicarse en un idioma que ya nadie recordaba...

Aunque lo había esperado, en el fondo tuvo la esperanza de que nada sucediera; pero apenas llegó al museo vio a varios de sus compañeros que cuchicheaban en la sala de pintura cubana y que dejaron de hablar cuando ella apareció. Luego vino el interrogatorio para asegurarse de que no estaba afiliada a ninguno de esos grupos problemáticos, sino que sólo se trataba de una «desafecta» que criticaba a un estado que le había dado de todo (con lo que había perdido su derecho a opinar, pensó ella mientras oía el sermón), y gracias al cual se había graduado en la universidad (sí, convino mentalmente, previo juramento de sumisión). En resumen, que la ciudadana no podía permanecer trabajando en el museo donde se guardaba la cultura del país al que había traicionado (curiosa frase, se dijo, en boca de quienes estaban vendiendo a escondidas el patrimonio nacional). ¿Tenía algo que decir la compañera... mejor dicho, la ciudadana?

Ya está, la habían matado. Estaba socialmente muerta, marcada, desterrada para siempre dentro de su propio clan. Peor que si la hubieran enviado a Siberia. Su respuesta fue dar media vuelta y salir sin despedirse... de lo que se arrepintió más tarde. Pudo haberles dicho tantas cosas: partida de ladrones, hipócritas, estúpidos tarados, maricones de alma que le daban el culo al gobierno todos los días. A Aquiles le hubiera encantado ese insulto, inspirado —tuvo que reconocer Claudia— en frases como las que él solía decir.

Se detuvo en la esquina, sin saber qué rumbo tomar. Pensó en buscar a su amigo, a quien no veía desde hacía dos meses. La última vez que lo encontró andaba deprimidísimo porque su último amor, un estibador del puerto, lo había dejado por una mulata tetona recién llegada de Guantánamo, que se tragaba todas las eses al hablar y que cambiaba indiscriminadamente las eles por las erres (datos aportados por el propio Aquiles).

—Dime una cosa, m'hijita —le había preguntado en un rapto de celos—, ¿cómo puede uno acostarse con alguien que te dice «mi sorrr» en vez de «mi sol»?

Claudia pensó que la gente no se acostaba para aprender gramática, pero prefirió no hacer comentarios.

Ahora tenía necesidad imperiosa de verlo. Le tocaba a ella el turno de estar deprimida. Como decía la canción: «*that's what friends are for...*». Especialmente los que son como Aquiles, pensó la joven con una mezcla de enfado y compasión, plañideras eternas que te desgracian los escasos días buenos que una tiene al año.

Era sábado. Lo buscaría en su casa. A diferencia de otras personas, Aquiles se las había arreglado para que le autorizaran a trabajar en su propio domicilio los viernes y los sábados. Su labor, que ejecutaba con paciencia asiática desde hacía dos años, era clasificar monedas y otros artefactos chinos que se acumulaban por millares en un salón gigantesco. Al parecer procedían de los cientos de familias que llegaran a la isla en la segunda mitad del siglo pasado y que después, en su mayor parte, emigraron hacia el norte (eufemismo cubano para decir Estados Unidos) o fueron absorbidas por el resto de la población, llegando a mezclarse tanto que sus rasgos aparecían ahora diluidos por doquier junto a pieles más oscuras y ojos más claros que los de su raza original.

Claudia se adentró en el laberinto de calles de su ciudad, leyendo en cada esquina esos nombres legados por centurias anteriores. Algún día averiguaría las historias ocultas en ellos: Desamparados, Vapor, Amargura... Ella misma se inventaba explicaciones fabulosas para justificarlos. Ánimas debió ser un sitio embrujado por el que deambulaban los espíritus de los piratas y esclavos asesinados. El Callejón del Suspiro guardaría una historia de amor y venganza. Lamparilla sería la primera callejuela iluminada por cientos de faroles...

Sin fijarse mucho en el escaso tráfico, atravesó Dragones y dobló por la avenida Reina que en época reciente habían vuelto a bautizar como Simón Bolívar, sin ningún éxito: la gente seguía llamándola por su antiguo nombre. Caminando bajo los portales de la bulliciosa calle, que más adelante se convertía en Carlos III —la cual también se intentó rebautizar como Salvador Allende, con el mismo estruendoso fracaso—, fue dejando atrás Amistad, Águila y Ángeles. Allí dobló a la izquierda, buscando Estrella. Luego siguió su recorrido en dirección a Rayo, sumergiéndose en un submundo lleno de peligros, tentaciones y estampas alucinantes: tipos que podían ser delincuentes o pobres diablos sin trabajo; casas lóbregas como catacumbas; mujeres de pechos generosos que miraban con igual impudicia a extraños que a conocidos; ventanas protegidas por barrotes inviolables; turbas de niños semidesnudos y descalzos; ancianos de ropas miserables y bolsas vacías en las manos, que hacían recordar aquel chiste cruel de la abuela que, tras detenerse en medio de la calle y mirar su bolsa vacía, se pregunta: ¿Yo voy o vengo del mercado?

Por fin se detuvo ante una puerta de madera descascarada y tocó. El rostro de Irma, la madre de Aquiles, se asomó por la ventana.

—Hola, m'hijita. Si buscas a Aquilito, acaba de irse.

—¿No sabe adónde? —se sintió desolada.

—A la plaza, con su amigo.

—¿Cuál de ellos?

—Uno nuevo. No me acuerdo del nombre.

Claudia asintió. La buena mujer, que aceptaba sin

ningún reparo la condición de su hijo y malcriaba a cada uno de sus novios, había perdido la costumbre de recordar sus nombres.

—Es que una se encariña con ellos —se quejó un día ante Claudia, en tono confidencial—, y después que ya me he hecho ilusiones, se pelean. ¡Qué va! Es como perder a un hijo cada seis meses.

Y decidida a no involucrarse más sentimentalmente, optó por olvidar sus nombres.

Claudia sopesó sus opciones. Le llevaría media hora caminar hasta la catedral. Otra posibilidad era esperar una guagua. A lo mejor se ponía de suerte y pasaba alguna que la dejara cerca del puerto o, al menos, por el Capitolio. Si lograba llegar al Parque Central, sólo le quedaría la mitad del recorrido.

Desanduvo sus pasos rumbo a Reina. Tomaría cualquier ruta que pasara por allí. Se subió a la primera, sabiendo de antemano que terminaba su recorrido frente a las rejas circulares que protegían el Árbol de la Fraternidad. De ahí tendría que enfilar por Obispo, en dirección a la Avenida del Puerto. En total sería poco más de una decena de cuadras, pero llegaría más rápido a pie que si se ponía a esperar otra guagua.

La multitud fluía por aquella vía peatonal como si jamás hubiese hecho otra cosa desde el principio de los tiempos. El sudor corría por las pieles, pero el griterío, los piropos soeces, las risas y las conversaciones de un balcón a otro llenaban el aire de un ambiente que hubiera podido confundirse con el de una extraña fiesta celebrada por gente famélica y alocada.

Aun sin fijarse en las calles, Claudia hubiera sabido que se acercaba a la catedral debido al visible aumento de extranjeros en la zona. Ya al doblar por San Ignacio, rumbo al Callejón del Chorro, tuvo que abrirse paso casi a empellones. La corriente humana había adoptado la furia de un rápido que se desprendiera de su manso curso para precipitarse entre las rocas.

Los quioscos se apretujaban en las estrechas aceras que se mantenían frescas, gracias al tamaño de los antiguos palacetes. Aquel carnaval de artesanías siempre terminaba por marearla: los trajes de algodón y lienzo teñidos de amarillo pollito, de verde campo-de-tabaco, de violeta amanecer-en-las-montañas, de rojo sangre, de negro noche-turbia-del-trópico, de naranja sol-moribundo-en-el-Malecón; las tallas de madera amulatadas, que remedaban las amplias caderas y los talles delicados de las criollas; las sandalias que resucitaban los olvidados modelos griegos y romanos, porque sus fabricantes —casi todos educados en escuelas de arte— rescataban esas hormas de sus propios libros de textos, y convertían las moldeadas pantorrillas de las cubanas en reencarnaciones de aquellas otras mediterráneas... Claudia, al extasiarse en la contemplación de esas piernas calzadas a la antigua, no podía dejar de pensar que la profecía se había cumplido y que la desaparecida Atlántida había emergido nuevamente en aquella zona del Caribe.

En busca de su amigo, curioseó entre las tarimas cercanas a la tarja donde se explicaba:

ESTA AGVA
TRAXO EL
MAESSE DE
CAMPO IV
AN DE TE
XEDA ANNO
DE 1529

que ella sólo había logrado descifrar durante sus años universitarios, cuando se enteró de que las equis debían sustituirse por jotas y las uves por úes. Así desentrañó aquel raro apilamiento de letras que la intrigaba desde su infancia:

ESTA AGUA
TRAJO EL
MAESSE DE
CAMPO JU
AN DE TE
JEDA AÑO
DE 1529

Después averiguó que *maesse* era la forma antigua para decir maestro; y que un *maestro de campo* era un oficial superior de la milicia en tiempos pretéritos. Claudia nunca olvidaría la tarde en que puso fin al enigma.

Estaba segura de que así se había sentido Champollion cuando por fin logró leer los jeroglíficos en la piedra de basalto negro.

—¡Qué sorpresa, niña!

Se dio vuelta al sentir los tironcitos en su manga. Allí estaba Aquiles junto a otro joven que la observaba con desconfianza.

—Mira —dijo Aquiles, rescatando a su acompañante de los curiosos que pugnaban por arrastrarlo—. Te presento al otro héroe griego.

Claudia los contempló medio azorada, sin entender.

—Es que se llama Patroclo... Pa-tro-clo. —Separó las sílabas como si ella no fuera capaz de entender—. ¿No te da mucha envidia? Soy el primer Aquiles que se junta con otro Patroclo después de los tipos de la *Ilíada*.

Tuvo que sonreír, aunque no estaba de humor para ello.

—Ésta es Claudia.

—Ah, la famosa... —sonrió el joven, y su rostro se iluminó por primera vez—: ¡Oye! ¿Cómo no se te ocurrió antes? Ella puede ir de virgen vestal.

—¡Claro! —exclamó Aquiles—. Y con ella seremos tres los griegos. La Gerarda caerá muerta de envidia.

—Va a ser el fin de año más espectacular de la historia caribeña.

—Oigan —Claudia los llamó a la realidad—. Antes de que sigan con sus planes, les aclaro que no tengo vocación de vestal, y mucho menos de virgen.

—Lo mejor es que podremos usar nuestros nombres —siguió diciendo el joven sin tomarla en cuenta—. Aquiles, Patroclo y Claudia: los dos guerreros y la vestal... ¿Vas a venir, verdad?

—¿Adónde?

—A una reunioncita —ronroneó Aquiles—. Sólo para íntimos y entendidos.

—Gracias, pero no estoy para fiestas.

—¿Pasa algo?

Ella estuvo a punto de contarle, pero decidió que su tragedia personal no encajaba en el bullicio de la plaza.

—Ahora no tengo ganas de hablar.

—Pasa por casa cuando quieras... O mejor, ¿por qué no nos acompañas? Estamos buscando una argollas para Paty.

—¿Para quién?

—Para él —señaló a Patroclo.

Claudia dudó un segundo y, de pronto, cambió de idea.

—Mejor sigo. Tengo que ver a alguien.

Se separaron con rumbos opuestos: los jóvenes hacia el callejón situado entre el Museo de Arte Colonial y la casa del marqués de Arcos, y ella en dirección a la enredadera de buganvillas naranjas que crecía junto al antiguo palacete del marqués de Aguas Claras, en cuyo portal se agrupaban ahora mesitas para los hambreados plebeyos. Por allí solía acampar Rubén.

Después de su primer encuentro se habían visto un par de veces más, siempre en días de venta. Ella no había querido darle su dirección, y no porque se avergonzara de vivir en un solar de mala muerte, sino porque prefería ser ella quien lo buscara cuando estuviese de humor. Pocas personas sabían dónde tenía su cuartucho; apenas dos o tres amigos y, claro, sus vecinos.

Lo buscó entre los vendedores, sin mirar la mercancía en exhibición donde podían encontrarse desde tradicionales morteros de cocina hasta tallas en madera que imitaban la artesanía africana. Lo vio antes de que él la viera a ella; conversaba con una señora que parecía incapaz de decidirse entre dos monederos de cuero. Únicamente cuando la mujer terminó de pagar, se acercó.

—¿Y ese milagro? —su sonrisa le indicó que era bien recibida—. ¿No fuiste a trabajar hoy o ya es tan tarde?

—Todavía es temprano —ignoró la primera parte de la pregunta.

—¿Vas a quedarte?

—Creo que sí.

—Espérame para ir a comer.

—Bueno...

Para sorpresa de Rubén, ella se sentó bajo la sombra de la buganvilla y allí lo esperó extrañamente atenta a las transacciones, a los regateos y a las preguntas de los curiosos; algo que nunca antes había sucedido. Sólo un par de veces se levantó para estirar las piernas. Daba unas vueltas, sin alejarse mucho, y luego regresaba a su postura anterior. Rubén no dejó de observarla con disimulo. Trató de descifrar las expresiones de su rostro, pero no logró sacar nada en claro.

Por fin llegó la hora mágica del trópico en que la luz adquiere una tonalidad de fuego para alternarse con las sombras azules; es el instante otoñal de la isla que se repite cada tarde, siempre que no haya ciclón o temporal. Los marchantes comenzaron a retirarse o a perder interés por la mercancía; los vendedores cerraron los gigantescos parasoles de playa y guardaron sus pertenencias. Cuando Rubén empezó a colocar las carteras y los monederos dentro del compartimento de su carromato, Claudia se levantó de su sitio y, sin decir palabra, lo ayudó. Pese a que estaba cada vez más sorprendido, aceptó su ayuda sin aspavientos, como si fuera lo más natural del mundo. Terminaron de recogerlo todo y fueron hasta el auto, donde Rubén colocó su multitud de candados.

—Vamos —la invitó con suavidad.

—No tengo hambre.

—¿Cómo?

Aquello sí era increíble.

—Es decir, tengo hambre, pero no tengo ganas de comer.

La observó minucioso.

—A ti te pasa algo.

—Sí, pero ahora no tengo ganas de hablar. —Lo miró con esa expresión que a él le robaba la poca voluntad que tenía—. Dentro de un ratico.

—Como quieras. —Se le ocurrió una idea para animarla—. ¿Por qué no vamos a mi casa?

Ella asintió.

El trayecto no fue largo, pero demoraron en llegar debido a la cantidad de transeúntes que deambulaban por las calles, como si éstas les pertenecieran a ellos y no a los autos, que se movían con la lentitud y el miedo de unos intrusos en territorio ajeno.

Claudia nunca había ido al apartamento de Rubén. Sabía dónde vivía porque él se lo había señalado una vez, pero jamás llegó a entrar. Era una cuartería parecida a otras miles de La Habana. Primero venía la puerta principal que daba a la calle. De ahí se pasaba a un pasillito tenebroso, de techo apuntalado con tablones medio podridos, y luego se salía al patio central rodeado de pasillos abalconados, igualmente sostenidos por aquellos bastones de madera que mostraban la decrepitud de una ciudad que se hundía con mayor rapidez que Venecia en las aguas, pese a estar construida sobre un duro lecho de roca que los isleños llaman dientes-de-perro. Sólo que, a diferencia de la milenaria ciudad europea, La Habana no se hundía por razones geofísicas.

Claudia y Rubén entraron al solar y subieron por una escalera de aspecto ruinoso. En el ascenso se cruzaron con un adolescente en uniforme escolar, dos gatos que se disputaban un ratón, una pareja que se acariciaba sin tapujos, y una muchacha muy maquillada que parecía pertenecer a esa nueva generación de prostitutas que en la isla reciben el descriptivo y erótico nombre de «jineteras».

En contraste con el resto del edificio, el cuartico de Rubén estaba recién pintado con lechada. La profusión de cuadros y piezas de cuero que colgaba de las paredes le daba un aspecto casi elegante. A Claudia le llamó especialmente la atención un trozo irregular de piel oscura, dividido en grandes parches con tonalidades diferentes. Cada parche presentaba curiosas combinaciones de signos africanos, como los que se usan en la Regla de Palo Monte y que, para quienes saben leerlos, poseen connotaciones mágicas. De la parte inferior colgaban mazos de tiras con semillas negras y rojizas.

73

—Lo terminé hace seis meses —dijo Rubén al notar su interés—. Iba a vendérsela a un extranjero, pero después me arrepentí.

—Es precioso. Nunca hubiera imaginado que con el cuero se pudieran hacer cuadros de bordes irregulares.

Rubén la observó con sorpresa.

—Jamás he pensado en esa pieza como un cuadro, pero puede que tengas razón.

Claudia alzó los ojos hacia el blanco techo de madera, tan bajo que habría podido tocarlo con sólo estirar un brazo.

—Allá arriba tengo el dormitorio.

Aprovechando los altísimos cielos rasos de los edificios coloniales, muchos habían construido un segundo piso encima de sus cabezas. A estas improvisadas construcciones se las llamaba barbacoas.

Un airecillo fresco, proveniente del puerto, se coló por el diminuto balcón.

—¿Sigues sin ganas de comer? —preguntó él—. ¿No te gustan los espaguetis?

—Hace siglos que no como espaguetis —fue su cansada respuesta—. Hace siglos que no como casi nada.

De inmediato se pusieron a cocinar. Rubén sacó todo tipo de tesoros de su refrigerador: tomates, ajos, cebollas, incluso un trocito de jamón. Claudia apenas ayudó. Aparte de picar las cebollas, él no le permitió hacer nada más. Le preparó una limonada fría y la hizo sentar junto a él.

—Tú miras y yo cocino.

Pese a la ausencia de queso, los espaguetis quedaron espléndidos. Claudia comió casi con lujuria, escuchando el crac-crac de los trocitos de ají verde destrozados por sus dientes y acariciando con la lengua la masa suave del jamón. Luego se sentaron frente al balconcito para oír y ver el bullicio de la ciudad.

—Debí haber estudiado en el ISA en lugar de perder mi tiempo en la universidad.

—¿Por qué dices eso? —dijo él, sintiendo una súbita añoranza por su vida de profesor—. Tienes un buen trabajo. En cambio, yo...

—La historia del arte no da para comer —vaciló un poco—, sin contar sus otros inconvenientes. Tú, por lo menos, tuviste la posibilidad de ser profesor hasta que quisiste.

Rubén se pasó la lengua por los labios. Después de varios encuentros con Claudia, intuía que podía confiar en ella.

—Yo no dejé la enseñanza por voluntad propia.

Claudia no dijo nada, pero él sintió su mirada.

—Me botaron.

Silencio. La tensión podía sentirse en el aire.

—Por problemas políticos.

Ahora se atrevió a mirarla. No sabía si sus ojos reflejaban miedo o admiración.

—No hice nada terrible —explicó él—; sólo permitir que saliera un folleto criticando la «casa del oro».

El persistente silencio de Claudia comenzó a inquietarlo.

—¿Tú sabías que todas las joyas y las vajillas que el gobierno le cambiaba a la gente por un ventilador o un carro de mierda, se los vendían después a millonarios extranjeros para conseguir divisas? Cosas que costaban miles de dólares se subastaron por una miseria...

Se detuvo bruscamente, temiendo haber hablado demasiado. Sin saber qué más añadir, volvió a tomar otro trago.

—Hoy me botaron del trabajo.

Ahora fue él quien la contempló, mudo de asombro.

—Estaba creando problemas porque me opuse a que siguieran vendiendo obras del patrimonio.

—¿El museo está vendiendo sus cuadros? ¿A quién?

—¿A quién va a ser? A cualquiera menos a los cubanos... ¿Conoces la sala de pintura española del siglo XIX?

—Sí.

—Posiblemente la cierren.

—¿Por qué?

—Porque ya los cuadros no existen. Porque la mayoría está fuera del país.

Rubén la escuchaba casi espantado.

—No puedo creerlo.

—Ve al museo —fue su lacónica respuesta.

Aunque ninguno se dio cuenta, acababa de caer el último muro que quedaba entre ambos.

Él la observó mecerse en la comadrita que había sido de su abuela —un mueble del siglo pasado que él mismo había restaurado—. Después de la última frase ella había cerrado los ojos como si quisiera desentenderse, y él no pudo dejar de pensar en un gato que hace igual gesto cuando come o es acariciado como muestra absoluta de confianza. En ese sentido, pensó Rubén, es el animal más parecido a nosotros. También cerramos los ojos cuando besamos o somos acariciados para sumergirnos de lleno en nuestro propio placer.

La mano de Claudia, que aún sostenía el vaso de limonada, rozaba la suya con cada balanceo, y él sintió la corriente que fluía entre sus cuerpos. La confesión había dejado una marca secreta, una señal de hermandad. Sospechó que en lo adelante serían como masones tras sellar un pacto, porque ambos habían nacido en un extraño momento en que las creencias parecían diluirse y desaparecer; y esa incertidumbre provocaba una descarga de emociones destinadas a salvaguardar la especie, como sucede con el resto de las bestias cuando olfatean peligro: en presencia de la muerte, el deseo de procreación se reaviva. ¿Y qué eran ellos sino animales que también escuchaban la voz del instinto?

Trató de oponerse a esa llamada amorosa, tan parecida a la angustia, que es la forma que adopta el deseo en esa isla adorable y maldita. Y comprendió en seguida que era inútil. Ninguno supo quién acarició primero o quién besó después; ninguno supo explicarse el origen del impulso que los hizo desnudarse, buscar sus cuerpos y abrirse el uno al otro.

La limonada se derramó sobre ellos desde lo alto de la mesa. Lluvia acidulce como su realidad. Él bebió de sus pechos el azúcar y los restos de pulpa, y ella le acarició la espalda bañada en zumo. Él se levantó y fue hasta el refrigerador, tomó una naranja y la cortó en dos. Luego fue exprimiendo cada mitad sobre el cuerpo de Claudia, que terminó pareciendo un prado cuajado de restos de pulpa y líquido. Sólo cuando ella estuvo completamente empapada, se dedicó a lamer el jugo que la cubría desde el rostro hasta los pies. También cerró los ojos, como un felino, mientras su lengua recorría las rodillas y los muslos, eludía la zona del pubis y seguía por el vientre, los pechos, el cuello y la cara, antes de regresar de nuevo a la oquedad aún intocada donde se había acumulado, como lluvia sobre una hendidura, la mayor parte del zumo. Labor báquica que terminó por embriagarlos.

Más que un acto de amor, fue un acto de alivio. Ambos se entregaron a un juego que era la antítesis de cuanto habían aprendido en los noticieros y en las vallas que los perseguían por doquier. El goce de los cuerpos era el reconocimiento de que estaban hechos para la vida y no para la muerte. Esa fiebre en sus vientres era la mejor prueba de que ningún llamado al apocalipsis tenía validez. Ninguno de ellos prefería «morir por la patria» o que «la isla se hundiera en el mar». Sólo aspiraban a saciar su hambre de amor sin tener que pedir permiso.

La sirena de un barco aulló como una bestia en la noche del puerto, mientras ellos se lamían sus jugos y sus leches, olvidándose de odiar a un enemigo al que nunca habían visto y que, pese a todas las consignas, seguía siendo una entidad intangible e inexistente.

3

Ahí están otra vez. Desde aquí los escucho tan clarito como si estuviera en medio del patio, y no acostada en la cama mientras miro un pedacito de cielo. Llegan tan puntuales como siempre, una vez al mes. Me da gusto oírlos siempre que no tenga sueño, porque entonces no me dejan dormir. Pero hoy sí. Hoy tengo ganas de escuchar sus voces densas y pegajosas para llamar a los santos, a los orishas sacros y belicosos, señores de la selva africana que llegaron a Cuba para apoderarse de sus campos y sus bosques, que aún pululan por las cañadas y los ríos, y que custodian la isla con ese cinturón de mar guardado por la misma Yemayá... ¿Qué puedo decirte, Muba, mi negra querida, madrina de mis noches? ¿Qué quieres que te diga? ¿Que lo amo? No estoy segura. ¿Que necesito sus manos quitándome el sudor de la espalda y los malos pensamientos de la frente? Eso sí. Con él me hundo en una penumbra tan densa que espanta a los malos espíritus que nos rodean. Con él, de alguna manera, me siento protegida... o quizás menos sola. Y me apena admitirlo, porque creo que Rubén siente por mí lo que yo no siento por él... Es que estoy vacía, Muba. Creo que me han sacado las entrañas. Me he quedado sin corazón y sin alma. ¿Y cómo se puede amar cuando no se tiene con qué? A veces me hubiera gustado ser como Úrsula. ¿Te acuerdas de ella? Desde que entró al convento no he vuelto a verla. Fue el único ser humano que me entendió; el único con quien pude compartirte. No sé cómo dos personas pueden ser tan diferentes y al mismo tiempo tan parecidas. Desde pequeñas tuvimos que tragarnos el secreto de lo que veíamos porque nos regañaban cada vez que íbamos con el cuento. Fue ella quien te descubrió. Siempre he sospechado que era más vidente que yo. Lástima que decidiera meterse en el convento. Me hubiera sentido mucho menos sola todos estos años. Yo creo que, en el fondo, tuvo miedo de sus poderes; por eso se refugió allí... Es que todo la asustaba, Muba, hasta la vida. Yo me quedé afuera, a enfrentar el mundo, mientras ella prefería esconderse. A veces pienso que ni siquiera la amistad vale la pena si al final se pierde todo: lo bueno y lo malo, pero sobre todo lo bueno, que es lo que jamás puedes recuperar. Te lo digo yo, Muba, que en eso te llevo ventaja: estar vivo es peor que estar muerto.

4

Iba aprendiendo a sobrevivir más rápido de lo que imaginara. Las primeras semanas, después de mudarse con Rubén, habían sido una aventura. Primero conoció a esos tipos misteriosos que lo proveían de los materiales necesarios para su oficio: traficantes del mercado negro que tocaban a su puerta con sigilo y miraban tres veces por sobre sus hombros antes de entrar. Pero también estaban las señoras del barrio; esas que anunciaban su mercancía de contrabando con todo descaro. «Mira, Claudita, conseguí esta docena de huevos. ¿Quieres? A veinte pesos están regalados.» Otras veces alguien tocaba en varias puertas, gritando a voz en cuello: «¡Allá abajo está el chino de las verduras!» Y entonces se oía el tropel, el abre-y-cierra de puertas como si hubiera llegado un ciclón, y un corre-corre por los pasillos, y los perros del solar que ladraban a más no poder por la súbita excitación de los humanos. Claudia también bajaba corriendo, junto con los demás, haciendo un alto en su tarea de preparar algunos cueros. Cuando él llegaba del taller, ya tenía nuevas provisiones que de otro modo se hubieran perdido.

Resultaba un mundo extraño aquel de los artesanos de la Plaza de la Catedral. Por un lado era un mercado permitido por el gobierno; por otro, casi toda la materia prima debía ser adquirida en la bolsa negra porque no existía un lugar autorizado para su adquisición. A la larga se trataba de una profesión semiclandestina; un estado privilegiado, pero peligroso. Como siempre, las autoridades harían la vista gorda durante un tiempo —que podía durar semanas, meses o años—, hasta que bajara el Armagedón dispuesto a barrerlo todo. Más tarde volverían a aflojar la mano, presionadas por las protestas y la necesidad de la gente, para luego volver a declarar la ilegitimidad del hecho. Y así, *per sécula seculórum*. Amén.

—¡Llegó la carne!

El grito lanzado desde las profundidades del patio llegó a las alturas.

—Corre, Papucho...

—M'hijita, quítate del medio.

—Eh, ¿y a ésta qué le dio?

—Oye, tú, so pelúa, conmigo sí que no te metas. Mira que a mí me da lo mismo un escándalo que un homenaje.

—¡Qué clase de bretera es esta tipa!

Eran las habituales frases que estallaban en el solar, sobre todo en medio de una situación tensa como aquélla: la llegada de la cuota de carne, tras una demora de dos semanas.

Claudia escuchó los tropezones, los gritos y las disputas; pero esta vez no se molestó en bajar, segura de que la cola ya doblaba la esquina por la cantidad de gente que había estado «marcando» desde la noche anterior.

Se limitó a abrir de par en par el balconcito para que se aireara un poco el ambiente. Sudaba, y su piel destilaba tinta. O eso le pareció. Se daría una ducha. Bueno, era un decir. Se metería en el bañito común, compartido con otras diez familias del piso, con su cubo de agua y su latica, y se iría echando agua hasta sentirse fresca. El jabón se había acabado. Hacía más de cuatro meses que no venía a la bodega. De haber tenido dólares hubiera comprado algunos en la diplotienda; pero ellos no pertenecían a la casta de privilegiados que recibían dinero de sus familias en Miami, y Rubén no había logrado vender ni una pulsera a algún extranjero desde hacía más de dos semanas. Por lo menos se lavaría la cabeza con champú... Bueno, también era un decir. Ese mejunje inventado por la genialidad del cubano consistía en una mezcla de detergente, vinagre, un poquito de agua, azúcar, y unas goticas de colonia para disimular el olor del vinagre. Claudia nunca supo qué pintaba el azúcar en todo aquello, pero la vecina que le dio la receta le aseguró que lo hiciera así, que la fórmula se la había dado una sobrina que estudiaba química no-sé-qué, y que el azúcar hacía falta en esa mezcla.

Así pues, se fue al cuartico de cemento, y se bañó y se lavó la cabeza con el improvisado invento. Eran pasadas las tres. Oyó llegar la tropa de chiquillos provenientes de la escuela, sintió un ruido en el estómago y recordó que no había almorzado. Comería cualquier cosa para disimular el hambre hasta que llegara Rubén.

Una vez que se quedó a vivir con él, y en vista de que no encontraba trabajo, ambos decidieron que ella podría contribuir a la producción familiar y formaron una suerte de gremio donde él era el maestro artesanal que diseñaba el trabajo, se ocupaba de comprar las materias primas, vendía el producto acabado y era el responsable principal de las obras. Ella se convirtió en su aprendiz y conocía poco a poco el oficio.

Aún con la cabeza húmeda, comprobó que las piezas de cuero habían quedado suaves y mullidas al tacto. Se freiría un huevo; sólo uno, porque apenas quedaban cinco después de aquella docena que le compró a Serafina, y nunca se sabía cuándo volverían a aparecer. No había aceite, pero eso ya no era un problema. Alguien —algún iluminado en aquella tierra bendecida— había descubierto que el agua —esa agua simple y llena de amebas que a veces salía de los grifos— suplía perfectamente al aceite cuando de freír un huevo se trataba. El único problema era la salpicadera atroz que se producía, pero aquello era un mal menor y preferible ante la posibilidad de que el huevo se pegara en la sartén.

Cocinó su huevo, parapetándose tras una enorme tapa que alzó entre ella y el fogón a manera de escudo, como si estuviera batiéndose con el aliento chisporroteante de un dragón. Se lo comió de pie, mojando la yema con un pedacito de pan, el último de la porción diaria que le tocaba.

Satisfecha al no tener que gastar detergente para fregar, se dedicó a ordenar aquel rincón. Pronto Rubén estaría de vuelta. Tras meses de convivencia, se había acostumbrado a los inciertos horarios de su oficio, al roce de sus manos callosas, e incluso a sus depresiones, a sus quejas y a sus perpetuos deseos de buscar otra cosa, aunque ni él mismo supiera bien qué buscaba porque, al igual que ella, nunca había podido ver más allá del horizonte azul y monótono que los rodeaba. Claudia se había aferrado a él con desespero. Era su única tabla en aquel océano. Los dos juntos eran como Steve McQueen y Dustin Hoffman en una Sing-Sing rodeada de agua. Ella también soñaba con escapar. Algún día se trazarían un plan genial, y serían libres y conocerían el mundo y podrían comer huevos fritos con aceite y espaguetis con mucho queso...

Escuchó un ruido a sus espaldas y se volvió, esperando ver a Rubén que entraba. La silueta alta y desnuda transpiraba en medio de la habitación, mirando en torno como queriendo reconocer el lugar. Por un instante se agachó como si fuese a tocar los trozos de cuero, pero en seguida volvió a fijarse en ella. Claudia gimió de angustia. En un gesto de consuelo, el Indio extendió una mano para acariciarle el brazo. Ella sólo sintió una corriente helada en el lugar donde debieron rozarla esos dedos de nube.

—Vete —susurró ella—. Vete.

Pero él siguió tendiéndole las manos, sin lograr alcanzarla, y mirándola con sus ojos mansos y tristes de animal que sufre.

5

La vida te hace sabio, compadre. Dímelo a mí. Yo creo que he pasado por otra universidad después de meterme a carnicero, porque lo que aprendí de economía no me ha servido para nada. Es más, creo que hasta me disoció de la realidad, como dicen los psiquiatras. Mientras más cursos pasaba, más cuenta me daba de que esos libros no tenían nada que ver con lo que me rodeaba. Era como si alguien tratara de convencerte todos los días de que el sol es verde, «verde como las palmas», cuando tú estás viendo que es amarillo. Tratas de creerlo, haces tu mejor esfuerzo, te concentras, cierras los ojos, por fin la negrura se va llenando de manchitas verduzcas como los paramecios, ya casi lo tienes, y cuando vuelves a abrir los ojos... Nada, ahí sigue: tan amarillo como un girasol. Lo que pasa es que la gente es cabecidura y se niega a reconocer sus errores; por eso seguí hasta que me gradué. Total, cuando salí de la universidad era igual que un piojo, otro más de la caterva de imbéciles que dependía del único patrón que podía darme empleo. Deambulé dos años de oficina en oficina, trazando proyectos que no servían para nada porque en cuanto proponíamos algo un poquito audaz, algo que se salía de lo reglamentado, se armaba tremendo corre-corre, y reuniones van y reuniones vienen, y análisis económicos que se convertían en análisis políticos, y te acusaban de revisionista... Me harté. Estuve a punto de salir pa' la calle a gritar y a cagarme en la madre de todo el mundo porque tanta presión me estaba volviendo loco. Entonces apareció Toño. «Y se hizo la luz...» Fue como en la Biblia, compadre. Te lo juro. En este país, ser carnicero es mejor que ser médico. Todo el mundo te respeta, te trata bien, se ofrece para resolverte cualquier problema, desde soldarte una tubería rota hasta conseguirte un turno para comer en La Torre. Saben que eres un tipo poderoso que tiene en sus manos el reparto de la carne, el oro de los pobres. Menos mal que aquí nadie anda creyendo en esas boberías que publican en el extranjero: que si la carne enlatada da cáncer, que si el huevo da colesterol, que si el pellejo del pollo te tupe las venas, que si patatín, que si patatán. ¡Mira que comen mierda! Se ve que no tienen problemas de verdad. Ya los iba a ver hablando de dietas cuando hace cuatro meses que no ven un bisté y cuando aquí hay chamacos que en su vida han visto un puto jamón ni un tocino, porque sólo tienen diez años y esas cosas desaparecieron desde el Diluvio. Aquí no andamos con esas mariconerías del Primer Mundo. Mientras más hambre hay, más colesterol quiere la gente. Te lo dice uno que tiene las llaves del cielo. A ti, como socio, te puedo resolver cualquier pedacito de carne que te haga falta. Y de los inspectores ni te preocupes. Me conozco todos los trucos para sacar la mercancía, aunque venga contada y más que contada. El truco clásico, por ejemplo, es el del papel mojado. Debes de haberlo visto. ¿No te has fijado cómo los carniceros mojan el papel cuando van a envolverte la carne?... ¡No seas tarugo, asere! ¿Qué va a ser para que la carne no se pegue? Eso es lo que te dicen, pero la verdad es que así pesa más. El cliente se cree que le están dando lo que le toca, pero tú le vas ganando a cada cual un poquito de la ración. Después de doscientas personas, ¿qué crees que pasa?... Con esa carne sobrante vivimos. Vendo una parte en la bolsa negra o se la cambio a la administradora de la diplotienda por algo que haga falta. El resto es para comer. Si no hubiera sido por eso, Lorencito se me hubiera muerto de anemia. No, mi hermano, yo no dejo este puesto ni muerto... a no ser que ocurra un milagro y vengan los extraterrestres para llevarme a otro sitio.

6

Todavía era joven, pero la multitud de chicas peladas hasta la calvicie y de muchachos con el pelo recogido en cola y argollas en las orejas le decían que su generación estaba siendo desplazada por otra cuya forma de pensar le era tan ajena como su apariencia. Por un segundo se sintió vieja, pero la impresión fue apagada por el susurro de Gilberto.

—Aquí hay dos.

Luego de dos meses de asedio, había logrado que la Mora aceptara su invitación. Aquella noche el Teatro Nacional cerraba un ciclo de conciertos de rock que había durado varios fines de semana. Las entradas se habían vendido como pan caliente, pero Gilberto sobornó a una empleada del teatro, a través de una pariente que compraba en su carnicería, y consiguió los boletos a cambio de cuatro filetes.

Observó a la muchacha de reojo: se veía mucho más relajada. Ya fuese la penumbra del lugar o la cantidad de personas reunidas o la connotación cultural del ambiente, lo cierto era que parecía extrañamente tranquila.

Se produjo cierta agitación en la sala cuando las luces comenzaron a apagarse. Quienes estaban de pie, corrieron a sentarse en cualquier sitio. La cascada de sonidos invadió el aire. Ochosi, el orisha de la caza, saltó en medio del público. El ritmo alocado del rock intentaba seguir la voz del cantante que remedaba los cantos antiguos y redivivos de los negros esclavos. Era un idioma que no muchos podían hablar, pero que todos comprendían con el corazón. Allí estaba el alma de las últimas generaciones, ésa a la que pertenecían la Mora y Gilberto y el resto de los jóvenes que se reprimían para no salir dando saltos por los pasillos. Era una música primitiva y elevada como un ángel negro. A los jóvenes les fascinaba porque no se trataba de ritmos conocidos —ni rumba, ni son, ni conga, ni guaguancó, ni esa rara simbiosis de cadencias cubanas que alguien había bautizado como salsa—. Tampoco intentaba imitar al rock foráneo que parecía ser el mismo en todas partes. Aquel ritmo exudaba magia. Era un tesoro que se incubaba allí y que algún día escaparía de su encierro para asombrar al resto del mundo, como había ocurrido siempre con las sonoridades africanas cuando pasaban por el tamiz misterioso de la isla. Cual jóvenes brujos en algún laboratorio secreto, los músicos habían logrado lo que parecía imposible: mezclar el rock y el jazz con la música ancestral de los esclavos que había mantenido su virginidad durante siglos... Rock afrocubano: así de simple era el rótulo de aquella catedral armónica donde se fusionaban los tambores batá y el sintetizador electrónico con los cantos yorubas.

El público contuvo una exclamación. Ahora salía al escenario aquel negro milenario, último reducto de las voces africanas que llegaron a costas cubanas. Sabía gorjear como nadie el canto erótico de las selvas y entonar los himnos mántricos que se habían adueñado del país. Cantó el enviado de los dioses y nadie se atrevió a respirar. Al abandonar el escenario dejó una ola de encantamiento. Fue entonces como si el propio Elegguá hubiera abierto los caminos al mundo de ultratumba. Los orishas comenzaron a desfilar, atraídos por sus melodías de culto: la violenta Oyá, que reina en los cementerios; Shangó, el irresistible negro de falo dulcísimo que atrae a las mujeres con su sonrisa; el andrógino Obatalá, que esculpió a todos los humanos; Oggún, el irascible dios de los minerales que sólo pudo ser aplacado por Oshún, la orisha más bella, la mulata de miel, cuando ella le mostró las bondades del universo entre sus piernas...

Terminó por fin el concierto, pero el hechizo siguió flotando sobre los presentes que fueron abandonando el teatro como zombies en trance. La brisa que batía los árboles ayudó a librarlos del estupor.

Gilberto y su acompañante echaron a andar por Paseo, sabiendo que sería inútil buscar una guagua con aquel mar de gentes esperando en las paradas cercanas.

—Te invito a Coppelia.

—¿A esta hora? ¡Estás loco! Debe de haber una cola gigantesca. Prefiero irme a casa.

—¿Tienes que levantarte temprano?

—No. ¿Por qué?

—¿En qué trabajas?

—En nada. No tengo trabajo.

—Bueno, es mejor estar sin trabajo que tener uno donde te hacen la vida imposible.

La Mora lo observó con aire de sospecha.

—¿Por qué lo dices?

—Porque ya pasé por eso.

Notó que ella se relajaba un poco.

—¿Por qué crees que dejé la economía?

La muchacha aguardó por su explicación.

—Querían que mi equipo arreglara un desastre que alguien había hecho, pero cada vez que planteábamos algo nos decían que la propuesta era burguesa.

Ella se echó a reír.

—¿Vamos a Coppelia?

Gilberto se volvió a mirarla con asombro.

—¿A Coppelia?

—Bueno, si tu invitación sigue en pie.

La miró durante dos segundos más, antes de reaccionar.

—Claro.

Que lo partiera un rayo si entendía a aquella mujer.

7

Otro inadaptado. Otro insatisfecho con la vida. Otro en quien tal vez pueda confiar. *Tal vez*. No puedo evitar el uso de este conjuro. Esos *tal veces* con los que hemos crecido son la raíz de nuestra incertidumbre. Lo cierto es que nunca nos atrevemos a nada porque las cosas podrían resultar peor de lo que ya están; y así vivimos, con esos *tal veces* colgando encima de nuestras cabezas como espadas de un Damocles esquizofrénico.

De cualquier modo debo tomar precauciones. Y no porque Gilberto se vea peligroso; más bien parece un buen tipo. Pero me he vuelto una paranoica. Ya lo era antes de parir, ahora lo soy todo el tiempo. Mi cordura camina por una cuerda floja. Sobrevivo gracias a las pequeñas cosas que rompen la rutina, como mis paseos con Gilberto. Me despejan. Ahora sé que hice bien en aceptar su invitación al teatro: nuestra primera salida oficial. De allí fuimos a Coppelia, el paraíso de los sabores... O por lo menos lo fue hace años. Los helados más inverosímiles surgieron allí; y también las combinaciones más exóticas: naranja-piña (con pedacitos de esas frutas), coco glacé (un orgasmo servido en la mitad de un coco), caramelo (con sabor a melado de caña), moscatel (hecho de pasas), crema de viè (especial para los curdas), tutti frutti (con gelatina de colores), canela (que bajaba la menstruación)... También me acuerdo de aquellos que tenían un sabor único: malta, melocotón, café, almendra. Y eso por no hablar de las mezclas que ponían a gozar a la más frígida. A mí me desquiciaban las que se hacían a partir del chocolate: el choconuez, el chocoalmendrado, el chocomalta, el chocochip. ¡Qué delirio! Y las especialidades... El Turquino, con su cuña de cake con merengue, custodiada por dos bolas de helado a manera de cordilleras. Las Tres Gracias, que eran tres bolas medianas, coronadas con marshmallow y sirope. El Banana split (bastante porno en su aspecto), que llevaba un plátano fruta con dos bolas de helado. El Suero, un vaso de helado derretido con sirope, tan cremoso que costaba trabajo meterle la cuchara. La Copa Lolita, con su flan acompañado por dos bolas... Ahora que lo pienso, había montones de esas combinaciones con una fruta o un dulce en el centro, y dos bolas a los costados. ¿Sería esto un síndrome de fijación erótica?

Recuerdo a un americano que conocí cuando estaba en la universidad. Visitaba la isla desde que decidió dejar su vida de hippie y le dio por conocer el Tercer Mundo. Era loco a los helados cubanos y juraba que cada vez que probaba un *sundae* de almendra en Coppelia tenía un «viaje» sin efectos colaterales (había dejado el LSD once años atrás). Desde la primera cucharada ponía los ojos en blanco, alzaba el rostro al cielo, y luego se pasaba el resto del tiempo haciendo un mmmmmm interminable que parecía un mantra hindú.

En esa heladería llegó a haber más de cincuenta sabores, pero todo eso pertenece a la prehistoria. Hoy apenas quedan cuatro o cinco para los cubanos, que tenemos que sentarnos abajo, en las mesitas al aire libre, porque los salones altos son para los extranjeros. Arriba la variedad es mayor, aunque nunca como en la edad de oro del helado cubano.

Por supuesto, la cola para entrar era kilométrica. Tuvimos que esperar dos horas y media para que nos sirvieran. Sólo había chocolate y vainilla. Cada uno pidió una Ensalada: cinco bolas con su sombrero de marshmallow y su chorrito de sirope, inundando el plato, junto a dos barquillitos de crepé. Tuve suerte: me pusieron tres.

Las regulaciones sólo permiten dos barquillos por persona, pero a veces las camareras, en su apuro o cansancio, se equivocan.

Despúes nos fuimos a pasear por la Rampa. Llegamos hasta el Malecón y seguimos caminando hasta la Avenida del Puerto. Me sentí como si estuviera de nuevo en la secundaria. No recuerdo de qué hablamos; de todo y de nada. Qué placer olvidarse del lugar donde uno vive y hasta de cómo se vive.

Quizás mi amigo hippie tuviera razón en eso de que los helados de Coppelia son lisérgicos. ¡Cuántos disparates dijimos! La pregunta desencadenante del delirio fue: ¿qué harías tú si esto fuera distinto? La incógnita de mi generación. Yo he jugado a responderla muchas veces, pero nunca como aquella noche.

Si todo cambiara, podría tener mi casa; una casita pequeña con su jardín de rosas que no se me murieran por falta de abono, y matas de frutas en el patio que dieran mangos y mameyes para hacer batidos con leche, porque la leche ya estaría por la libre y todos podríamos comprar cuanta quisiéramos.

Si todo cambiara, podría poner un negocio; una carnicería para vender pescado y jamones de todo tipo y... ¿cómo se llamaban esos cilindros de carne que se parecían al tocino, pero que no eran tan prietos? ¡Ay, a ver si me acuerdo! ¿Jamoneta? No. ¿Tocineta? Tampoco. ¿Butifarras? ¡Eso!... Y muchas butifarras y camarones y langostas, y lo pondría barato para que todo el mundo pudiera comprar y los niños no tuvieran anemia nunca.

Si todo cambiara, podría comprarme desodorantes, de esos que huelen a yerbas y a flores, y que salen con chorros tan helados y refrescantes que una se siente Grace Kelly envuelta en tules.

Si todo cambiara, visitaría al Dalai Lama y le pediría, de socio a socio, que me dijera la verdad sobre eso de la reencarnación para ver si es que hice algo malo en otra vida, y averiguar si la que viene me toca más suave.

Si todo cambiara, no pararía hasta el Museo del Prado para ver *Las meninas*, que una amiga mía las vio cuando hizo un viaje donde pidió asilo político, y dice que por poco se desmaya, que le dio el síndrome de Stendhal, que es ese soponcio que le da a la gente cuando ve una obra famosa.

Si todo cambiara, compraría cada libro que me he tenido que leer a escondidas, y tendría las obras completas de Vargas Llosa y de Milan Kundera y de Manuel Puig y de Anaïs Nin y de Mujica Lainez y toda la colección de clásicos eróticos de La sonrisa vertical y de Akal y de Los brazos de Lucas.

Si todo cambiara, me iría a Egipto y cavaría entre las patas de la Esfinge para ver qué hay en esa cámara misteriosa que no acaban de abrir y que, según Edgar Cayce, esconde secretos que cambiarán la historia, para ver si es cierto eso que dicen de Cuba, que recogió el karma que dejaron los atlantes y por eso estamos como estamos hasta que terminemos de pagarlo todo; pero que si nos portamos bien, algún día la isla se convertirá en un paraíso.

Si todo cambiara...

Y así seguimos el resto del camino, haciéndonos pajas mentales que no resuelven nada, pero que son un buen recurso para tirar un cable a tierra y evadir el estrés. Después de estos juegos, siempre creo que el mundo es un lugar más bonito. Me siento como si tomara un coctel de diazepán.

8

La Mora se acercó a la cama donde su hijo se afanaba por mordisquear una funda y le puso el biberón en la boca. Viéndolo mamar del chupete, se consideró afortunada.

—Menos mal que parí hace poco.

Nubia la miró sin comprender.

—¿Por qué?

—¿Te acuerdas de Paula, mi vecina?

—Sí.

—Sus gemelos cumplieron siete años la semana pasada y perdieron el derecho a la leche. Paula anda como loca. Ayer me confesó que estaba pensando en acostarse con el administrador de una diplo, a ver si el tipo le regalaba dos o tres litros semanales.

La situación había empeorado. El agobiante calor, la irritación social y las epidemias por desnutrición, eran el pan de cada día. Pero todo esto ocurría, como siempre, sotto voce. De cualquier manera, y de algún modo, la gente seguía viviendo.

Todas las tardes Nubia y su amiga se sentaban a conversar, cobijadas tras los muros húmedos y frescos del cuartucho donde vivía la Mora. Esa tarde, sin embargo, habían decidido alterar la rutina y fueron hasta el edificio donde Nubia tenía su barbacoa.

—Y si por lo menos una tuviera con quién templar —se quejó ésta—, algún consuelo tendría.

—Hombres son los que sobran.

—Sí, pero yo tengo gustos especiales

—Creo que eres un caso digno de estudio. —La Mora se interrumpió para ayudar al niño a empinar más el biberón—. Si alguna vez se me ocurre estudiar psicología, te usaré como tesis.

—Tampoco exageres. Más raras que yo, las hay en este país a montones.

Un trueno lejano se abatió sobre la ciudad. Se produjo un cambio casi imperceptible del viento y la luz solar disminuyó.

—¿Qué hora es? —preguntó la Mora.

—Las seis y cuarto —contestó Nubia, asomándose al prehistórico despertador que carraspeaba bajo la cama.

—Tan temprano y ya tengo hambre.

—Bueno, hija, lo único que puedo ofrecerte hoy es el último invento: bisté de cáscara de toronja. Si quieres, te doy la receta.

—Te lo agradezco. Debe saber a rayos.

—Y gracias que no te doy el de frazada de piso.

La Mora la observó durante un par de segundos.

—Es una metáfora, ¿verdad?

—¿Qué cosa?

—Lo del bisté de frazada.

—¡Qué metáfora ni qué mierda! ¿Crees que hago poesía con el hambre? Tendría que ser tarada.

—Entonces explícame.

—¿De verdad no sabes?

La Mora negó con la cabeza.

—Pero si toda Cuba se enteró...

El niño abandonó el biberón y trató de voltearse en la cama.

—¿Se enteró de qué?

Su madre lo acostó bocabajo y empezó a darle palmaditas en las nalgas para ver si se dormía.

—Del cuento. Ocurrió al poco tiempo de abrir Sears...

Se refería a un antiguo local que había pertenecido a la cadena de tiendas norteamericanas Sears. Durante años, el edificio —que aún se alzaba en las inmediaciones del Capitolio— se había usado como almacén. De pronto llegó la noticia: allí abriría sus puertas un gran supermercado donde se vendería —oh, milagro— *por la libre*, es decir, sin libreta de racionamiento, el tipo de comidas que sólo se exportaba o se ofrecía a los turistas: mermelada de mango, *spam* enlatado, jugos de piña y de guanábana, coco rallado en almíbar, pargos, queso Gruyère, barras de guayaba, filetes de cherna, casquitos de naranja... Fue entonces cuando muchos jóvenes vieron por primera vez esos alimentos pertenecientes a la cocina tradicional de su país, que sólo conocían a través de relatos míticos.

La tienda abría cada mediodía, pero las colas empezaban desde las seis de la mañana. Los precios eran caros, pero el hambre los superaba. Poco a poco, el horario de las colas se fue adelantando. Había que llegar a las cinco de la madrugada, después a las cuatro y media, después a las tres... Se establecieron turnos familiares. Por ejemplo, el padre podía llegar a las dos de la mañana y, a eso de las ocho, ser relevado por un hijo, que a su vez era sustituido por la madre, media hora antes de que los policías —revólver al cinto— abrieran la gruesa cadena para permitir que la gente fuera entrando en grupos de a veinte, de a treinta, o como a ellos les diera la gana.

No era raro que muchas personas se desmayaran a mitad de cola, debido al hambre, la sed o a las largas horas de espera bajo el furioso sol. Y en este punto se iniciaba el relato de Nubia.

Un buen día, alguien dijo que a pocas cuadras había un señor que vendía pan con bisté por una suma relativamente módica. De inmediato se movilizaron varios «coleros». Fueron a la dirección indicada —previa aclaración a quienes iban detrás de que en seguida volvían— y regresaron con sus correspondientes envoltorios, lo cual provocó que quienes les seguían hicieran lo mismo. El bisté era bastante difícil de masticar, sobre todo por la cantidad de hilachas que se quedaban entre los dientes; quizás —especularon algunos— porque se trataba de mercancía de cuarta clase, desechada por la granja procesadora.

—A los quince días, el tipo estaba preso —contó Nubia, mientras movía un poco el ventilador para que le diera fresco al niño—. Pero no pudieron acusarlo de ningún delito contra el Estado, porque se comprobó que dentro de los panes no había carne, sino pedazos de frazada de piso. Tuvieron que cambiar la acusación por la de «estafa».

—Pero ¿cómo se puede confundir una frazada con un bisté? ¡Eso es imposible!

—Deja que veas mi bisté de toronja.

Nubia se acercó a la cocinita.

—Mira, éstas son las toronjas que le compré al chino... Mejor dicho, las cáscaras. —Le mostró las cortezas blancas—. Las puse a hervir para que se ablandaran. Ahora voy a echarles mucho limón y una gotica de vinagre para tratar de matarles el amargor, las frío en aceite y... ya está.

—Nubia, perdóname, pero eso debe saber a mierda.

—No te quejes o voy a servirte la frazada.

—Todavía no me has dicho cómo hizo el tipo para que la gente se tragara aquello.

—No debió de ser muy difícil. La carne que nos dan no se diferencia mucho de una frazada para limpiar. Es fibrosa y finita.

—Pero el sabor...

—Ah, la forma y el contenido. A Marx le hubiera encantado vivir en este lugar. Seguramente habría encontrado nuevas implicaciones filosóficas para ampliar sus teorías sobre el materialismo histórico.

—Nubia, no jodas.

—Está bien. —Echó una de las cáscaras a la sartén hirviente—. En seguida te explico...

Y la Mora escuchó extasiada aquel cuento de *Las mil y una noches*.

Donde se revelan ciertos secretos culinarios

Lo primero es tener alma de artista. Hay que saber recortar la colcha de manera que parezca un filete: los bordes bien disparejos, imitando las costas de algún país. Las mejores siluetas son aquellas que resultan muy irregulares, como las de Gran Bretaña o la península Escandinava. Para lograrlo se requiere de ciertos conocimientos geográficos, por lo que resulta aconsejable que el encargado del plato sea una persona con cierta cultura general. De ese modo el aspecto del supuesto alimento poseerá la sofisticación visual necesaria que el caso requiere.

Tras conseguir el efecto deseado, se hierve la tela con el fin de suavizarla y se deja dos o tres días en una mezcla de vinagre y limón para que el tejido se impregne de un sabor ácido, destinado a engañar al paladar. Lo ideal es añadir ajo y cebolla en el momento de freír: eso da el toque maestro.

No se recomienda servir solo. Es mejor ocultarlo entre dos rebanadas de pan, siguiendo la fórmula inventada por el desconocido maestro. El pan es necesario por dos razones. En primer lugar, porque el sabor adicional de algo que *sí* es comida servirá para reforzar la ilusión gustativa. Y en segundo, porque las dos rebanadas de pan crearán la barrera necesaria para impedir que el ojo —más difícil de engañar que el paladar— identifique la mistificación.

Este plato —digno de figurar en el *Guinness* por la cantidad de personas a las que logró embaucar— no es único, sin embargo, dentro del grupo de recetas originalísimas que han surgido en la isla a finales del siglo XX.

Otro gran invento es el picadillo de cáscara de plátano. Aquí sale a relucir, una vez más, el genio del cubano, capaz de transformar los desechos de frutas tropicales en comida reciclable, loable empeño que, lamentablemente, aún no ha recibido el debido reconocimiento por parte de las organizaciones ecológicas mundiales.

La fórmula para cocinar este picadillo vegetal es la siguiente: se toman varias cáscaras de plátano verde, de esa especie que en la isla llaman «plátano macho» (con el que se cocinan los deliciosos chatinos o tostones), diferente al plátano fruta que se come crudo. Las cáscaras, que antes iban a parar a la basura, constituyen ahora un nuevo ingrediente que ha revolucionado la dieta cubana. Primero se hierven para que pierdan su consistencia dura y se conviertan en una sustancia suave. Después se muelen como si fuera carne. La masa resultante se adoba con ajo y limón, y se cocina con bastante pasta de tomate (si se encuentra), lo cual le otorgará el color rojizo necesario para crear la ilusión de que se trata de picadillo o carne molida. A diferencia del bisté de frazada, el picadillo de cáscara de plátano puede servirse al descubierto, tal vez acompañado de arroz (en caso de que haya) o de alguna vianda (en el caso aún más difícil de que se consiga alguna).

Existen otras delicias por el estilo, todas ellas igualmente folclóricas y típicas del país. Es una lástima que no se las muestren a los turistas.

TERCERA PARTE

LA SOMBRA DEL PRÍNCIPE DANÉS

1

Por esa época fue que me empezó la depresión y la verdad es que no sé por qué: Claudia vivía conmigo, dólares no me faltaban. Supongo que sería por el sobresalto en que vivía. Tenía que estarme escondiendo siempre para conseguir los materiales. Todos comprábamos de contrabando y a nadie parecía importarle, pero yo siempre he tenido como una lucecita en el cerebro que empieza a encenderse cuando hay peligro. Lo que sucede es que era tan feliz, en medio de mi depresión, que no le hice caso. Por eso me sorprendieron. La Seguridad se me coló en casa una madrugada. Eran como diez tipos con pinta de karatecas. Por suerte y por desgracia, Claudia no estaba. Hacía una semana que se había ido para Las Villas a ver a una tía abuela enferma. Digo por suerte porque gracias a eso sólo yo caí preso; y también por desgracia, porque no pude despedirme. Sabe Dios qué le dirían los vecinos. Aunque tampoco sé si alguien en el barrio se enteró; eran como las cuatro de la mañana cuando me llevaron. Además, Claudia era tan poco sociable que ni siquiera la imaginaba yendo de puerta en puerta para averiguar qué había sido de mí. A estas alturas no he sabido qué le pasó. Quizás se asustó tanto que por eso no regresó... Tampoco pude ir a buscarla porque no tengo la menor idea de dónde vivía antes de mudarse conmigo. Nunca me lo dijo y ¿para qué iba a preguntarle? Sólo sé que vivía por la zona. Fuera de eso, nada... Estuve dos años preso, aunque sólo me encontraron encima veinte dólares. Menos mal que yo guardaba el dinero en un escondite que había inventado. Allí tenía como quinientos *fulas*. La única persona que lo sabía era Claudia, y ése fue mi único consuelo cuando me metieron en el carro-jaula. Lo que más me encabronaba era no poder dejarle una nota. ¿Cómo iba a decirle a la Seguridad que ella vivía conmigo? Hubieran ido a buscarla y la habrían metido presa también, por cómplice. Y déjame decirte que se salvó en una tablita, porque mientras registraban descubrieron sus ropas. Tuve que inventar un cuento chino sobre una mujer que había recogido en mi casa y que resultó ser una puta; que la había sorprendido pegándome los tarros, y que ella y el tipo salieron corriendo porque les caí atrás para pasarles la cuenta, que yo sí que soy un hombre y a mí no se me puede hacer eso, y desde entonces la tipa no había vuelto a aparecer ni para recoger sus cosas... Creo que hasta me cogieron lástima; por lo menos no preguntaron más. Pero cuando salí de la cárcel y regresé a mi casa, Claudia no estaba. Su ropa seguía en el mismo rincón donde la había dejado la policía. Fue eso lo que me dio mala espina. Busqué en el escondite y ¿qué crees?: ahí estaba todo el dinero. Completico. La vieja del comité me dijo que la policía había sellado la casa esa madrugada y que nadie más había vuelto a entrar. A Claudia no la vio... Coño, si me hubiera imaginado lo que iba a pasar... Si no hubiera estado tan ofuscado por ella, quizás habría tomado mis precauciones. No, viejo, si no le echo la culpa. Bastante paciente fue conmigo soportando mis depresiones; ni yo mismo me aguantaba. A lo mejor por eso me dejó. En cuanto vio la casa sellada, decidiría irse pa'l carajo y empezar de nuevo... ¡Y mira que la busqué! Creo que no me queda una calle de La Habana Vieja donde no haya preguntado, pero nada. Como si se la hubiera tragado la tierra. A veces pienso que me la inventé, con todo y su mundo que yo no entendía y que ella se negaba a discutir conmigo. Podía pasarse los días trabajando en las pieles sin decir palabra. Aunque cocinaba, hacía las compras y se comportaba como una persona normal, siempre estaba en las nubes. Cuando se ponía a hojear sus libros de arte, podía quedarse horas contemplando las fotos de las ánforas griegas. O se leía esa novela de Bradbury, y me contaba cómo le gustaba imaginar que era una marciana que acariciaba los libros antiguos para que las páginas cantaran. Se había aprendido de memoria varios capítulos para poder leerlos con los ojos cerrados. De tantas veces que la oí, casi me vuelvo marciano yo también. Los capítulos que más le gustaba repetir hablaban de canales de vino y de unos barcos de arena tirados por pájaros... Compadre, yo no sé si estaba loca o si era una iluminada, pero aquellos recitales marcianos me desquiciaban. Allí mismo tenía que quitarle la ropa porque no me podía aguantar. A lo mejor yo también me volví loco. Me traspasó toda su locura por ósmosis, como hacen los paramecios. ¿Tú crees que esas cosas se pegan?... A mí habrá que hacerme un monumento. Por sufrido. ¡Qué puñetera suerte la mía! Venirme a enamorar de una loca que me jodió mi existencia de mierda... Fíjate si esa mujer acabó conmigo, que soy el único tipo en el mundo al que las películas de ciencia ficción le dan ganas de templar.

2

Claudia llegó cerca de las dos de la mañana y vio el temible sello pegado al marco de la puerta, lleno de cuños, firmas y advertencias. Se quedó atónita durante unos minutos, bajo la luz de la luna menguante que alumbraba a medias el patio y los balcones del solar. Un hombre se cruzó con ella, pero iba tan borracho que ni la vio. Claudia no se molestó en preguntarle sobre lo ocurrido. No era necesario.

Cuando aún estaba en el hospital con su tía abuela, descubrió la noticia en un periódico que tenía cuatro días de atraso. Los titulares anunciaban que la operación «Pitirre en el alambre» había sido un éxito. En una sola madrugada, habían sido apresados cientos de artesanos y personas que trabajaban por cuenta propia: desde quienes fabricaban artículos —zapatos, ropas, carteras— hasta los que reparaban equipos eléctricos como refrigeradores o planchas, y también aquellos que realizaban trabajos de plomería, albañilería y otros similares. La nota de prensa anunciaba que los «delincuentes que se enriquecían a expensas del pueblo» habían sido puestos a disposición de los tribunales.

Claudia leyó temblando el extenso editorial. Hubiera querido llamar por teléfono, pero semejante lujo no existía en el solar; tampoco podía regresar porque la salud de su tía era precaria y no había nadie más que cuidara de ella. Tuvo que permanecer veinte días más en el pueblo, en espera de que la anciana mejorara y pudiera abandonar el hospital.

Luego de comerse las uñas durante tres semanas, por fin pudo volver a La Habana. El viaje en tren, la espera para conseguir un taxi y la subida por las escaleras del solar se le antojaron los más largos de su vida. Casi se desmayó al comprobar que su presentimiento era real. Allí estaban los papeles llenos de cuños y firmas para impedir la entrada a cualquier intruso. Sólo entonces recordó la aparición del Indio, unos días antes de que llegara el telegrama de Las Villas.

No intentó averiguar siquiera en qué cárcel estaba. Sospechó que la policía habría dejado instrucciones para que se le avisara tan pronto como ella apareciera. Desfalleciente, y con su maletín a cuestas, abandonó el edificio. Durante unos veinte minutos caminó rumbo a su antigua vivienda, deteniéndose a menudo al ser asaltada por un malestar indefinible. Por suerte se había llevado todas las llaves, incluidas las de su cuarto. Estaba tan agotada que se echó sobre el colchón desnudo sin quitarse la ropa, pero no se durmió de inmediato. Permaneció contemplando el cielo a través de la ventana, hasta que el sueño la venció al amanecer.

Despertó con una náusea desagradable. Registró su bolso. Sólo llevaba consigo los trescientos pesos que su tía había insistido en darle y unos cincuenta dólares (escondidos en el forro de su monedero) que Rubén le entregara para una posible emergencia... Recordó el escondite donde él guardaba los dólares y se preguntó si la policía lo habría hallado. Por un instante fantaseó con la idea de regresar de madrugada, abrir la puerta y sacar el dinero junto al resto de sus pertenencias; pero supo que no se atrevería. Tan pronto la Seguridad descubriera que alguien había roto el sello, buscaría al culpable y ella sería la primera sospechosa. Claro, ningún vecino sabía dónde vivía; pero siempre podrían traer sus temidos perros y seguirle el rastro hasta su cuartico. No, ni loca haría semejante cosa.

Las náuseas volvieron a asaltarla y corrió al fregadero, pero no pudo vomitar. Tenía el estómago vacío. Sudaba frío. Revolvió los estantes de la cocina hasta descubrir un envase con restos de café. Coló un poco y se lo tomó, amargo y todo. En seguida se sintió un poco mejor. Después de sacar sus pertenencias del maletín, se cambió de ropa y salió.

Era viernes, cerca del mediodía. A esa hora y en ese día, sólo uno de sus amigos estaría en casa. Mientras caminaba iba haciendo cálculos para saber cuánto tiempo podría vivir con aquel dinero. Dos meses a lo sumo; sólo dos meses para conseguir un trabajo o se moriría. Si Aquiles no podía ayudarla, tendría que inventar alguna otra cosa. Y rápido.

Encontró a su amigo junto a la puerta abierta, abanicándose con desesperada furia. Lo besó con cariño, contenta de poder hablar con alguien.

—Te advierto que hoy tengo el día malo —masculló él, halando un silloncito para que ella se sentara.

—¿Y tu mamá?

—En la cola del pan.

—¿Qué te pasa?

—Estoy deprimido. —Hizo una pausa y, cuando habló de nuevo, la voz le tembló . Paty se peleó conmigo.

—¿Definitivo?

—Creo que sí. Estoy tan harto...

Claudia no supo qué contestar. Ya había sido testigo otras veces de escenas similares.

—La verdad es que no sé para qué vine a este mundo. —El muchacho agitó su abanico—. Para penar. ¡Para ser mártir! Ay, siempre me pasa lo mismo: seducida y abandonada.

Claudia se limitó a mecerse, esperando el consabido lamento que duraría media hora. Sólo después lograría que él la escuchara.

—Más me hubiera valido no nacer. Si no fuera por mami, a lo mejor me habría colgado de una mata... Total, hasta mi padre se alegraría.

—No digas eso —lo interrumpió.

Aquiles dejó de mirar al techo, con quien parecía hablar desde hacía unos minutos, y se fijó en su amiga.

—Tú no sabes nada —le dijo por fin en tono de conmiseración.

—El que no sabe nada eres tú. Los hijos siempre son los hijos.

Él suspiró.

—¿Nunca te conté por qué me pusieron Aquiles?

Claudia hizo un gesto de negación.

—Resulta que al militarote de mi padre se le antojó que su niño tenía que ser tan machango como él. Y para llevarme por el buen camino, lo primero que hizo fue ponerme el nombre de un guerrero que había visto en una película americana... Tú sabes cómo era el Hollywood de los años cincuenta. Imagínate su trauma cuando se enteró de que su prospecto a Gran Macho era una loca con balcón a la calle, nocturnidad y alevosía. —Espantó una mosca que daba vueltas en torno a él—. Me odió hasta la muerte, sobre todo cuando le informé que ese Aquiles griego al que tanto admiraba era uno de los maricones más famosos de la antigüedad.

—Es que a ti...

—Pero lo que nunca me perdonó fue que le dijera que la culpa de que yo fuera así la tenía él, porque mientras más se emborrachaba y maltrataba a mi madre, más quería distanciarme yo de todo lo que tuviera que ver con «ser hombre». Por nada del mundo hubiera deseado ser como él. Para mí, ser hombre era ser una bestia.

—Eso es...

—Ya lo sé: un esquema. Pero yo me enteré demasiado tarde, cuando ya había probado el dulce de guayaba. A esa hora no iba a ponerme a revisar mis traumas.

—Hablas como si no te gustara ser lo que eres.

—Tengo mis días. A veces soy feliz, y a veces no. ¿Tú lo eres?

Fue la señal que esperaba para contarle sobre su drástico cambio de vida, incluyendo los dos meses que tenía de plazo para hallar algún trabajo.

—¿Y de qué vas a vivir?

—No tengo idea. Ni siquiera puedo irme a la agricultura porque tengo escoliosis. No puedo estar agachada sobre un surco diez horas seguidas. ¡Me moriría del dolor!

El muchacho se meció dos o tres veces más

—Quizás pueda resolverte algo. Nada serio, pero con eso te defenderías.

—¿Qué es?

—Déjame rumiarlo unos días. Ahora no te digo nada porque no estoy muy seguro. ¿Podremos vernos la semana que viene?

—Cuando quieras.

—Pero no te hagas ilusiones. No me gusta prometer algo que luego... ¡Ay, santísima! —exclamó de pronto, al escuchar la señal del cuco—. Se me hace tarde.

—¿Para qué?

—Tengo una reunión.

—¿Hoy? Pero si es viernes.

—Es una asamblea de Méritos y Deméritos. Estoy aspirando a un ventilador.

—¿Y tú tienes méritos para eso?

—Pues sí, aunque no lo creas. —Entró al cuarto, y desde allí gritó—: Tengo acumuladas treinta horas en la agricultura este trimestre; y además, fui a las dos últimas marchas que hubo en la Plaza...

Sacó la cabeza entre la cortina de semillas.

—...Y me puse bien al frente y grité todo lo que pude. Así es que ya ves si tengo o no suficientes méritos para ganarme el jodido ventilador.

Volvió a meter la cabeza, trajinó en las gavetas y salió a los cinco minutos.

—Toma —puso unos billetes en la mano de Claudia—, para que vayas tirando mientras tanto.

—Te lo agradezco —ella trató de devolvérselos—, pero mi tía me dio algún dinero.

—Te hará falta más.

—No, de veras —insistió ella—. Además, no sé cuándo te los pueda pagar.

—Dentro de diez o veinte años estará bien —contestó él, empujándola hacia la puerta.

Caminaron hasta Reina entre nubes de niños que jugaban semidesnudos y viejos que deambulaban con sus rostros de zombies y sus bolsas vacías en las manos. Ni siquiera tuvieron tiempo para despedirse como Dios manda. En cuanto llegaron a la avenida, Aquiles salió disparado para alcanzar una guagua que se detuvo a cuarenta metros. Claudia lo vio desaparecer, absorbido por la multitud que se abría paso entre empujones y gritos. Cuando la guagua arrancó, ella le dijo adiós con la mano y emprendió el regreso. Ahora iba esperanzada y más tranquila. Estaba segura de que su amigo no la dejaría morir de hambre en la calle. Ese pensamiento la llevó a otro. No tenía nada que comer. Antes de volver a su cuarto, decidió pasar por la bodega y comprar algunas cosas.

Por fortuna nunca llegó a cambiar la dirección de su libreta de racionamiento, y agradeció a su ángel guardián por librarla de tamaño error. Si su nombre hubiese aparecido en la libreta de Rubén, eso habría indicado un vínculo de convivencia, descuido irreparable dadas las circunstancias. Comprendió que haber conservado su independencia legal la había salvado de un rollo con la policía y, posiblemente, de la cárcel. Tendría que darle las gracias a Muba, cuyo consejo le impidió hacer el cambio cuando Rubén se lo sugirió. Total, le había dicho él, si ya hacía tres meses que vivían juntos, ¿para qué pasar tanto trabajo teniendo que hacer colas en otra bodega? Ella estuvo a punto de ir al Registro de Direcciones, pero Muba le advirtió tajantemente que no lo hiciera. «Su mejor amigo e' su peor enemigo», le dijo la negra en su antigua lengua de oráculos. A su regreso, Claudia le prometió a Rubén que lo haría otro día; pero el tiempo pasó y el traslado nunca llegó a efectuarse. Por suerte.

Ahora tenía bastante mercancía; toda la que se había acumulado en casi un mes: cinco libras de azúcar, media libra de sal, siete huevos, seis libras de arroz, diez onzas de chícharos, diez onzas de frijoles negros, un jabón y una libra de aceite. En la carnicería la esperaba su cuota de carne correspondiente a las dos últimas novenas: tres cuartos de libra de picadillo extendido y media libra de fricandel. Además, le quedaba una libra del pollo de población, correspondiente a la novena anterior.

Claudia recordó el impacto que había ocasionado

aquella terminología en dos periodistas —una colombiana y otra española— que visitaban el museo. Ambas escucharon un diálogo entre Claudia y una compañera de trabajo que se quejaba de las demoras en el reparto de carne de la última novena. Las mujeres se acercaron a preguntar, muertas de curiosidad, y Claudia decidió divertirse un poco.

—Supongamos que oyes decir que están vendiendo el *pollo de población* que pertenece a una novena —le sugirió a la española—. ¿Qué pensarías que es?

La mujer quedó pensativa unos segundos.

—Pues que están vendiendo un ave que anda suelta en medio de cualquier poblao. Y una novena son los rezos, ¿no? Pero no sé qué tiene que ver un pollo con la iglesia.

—¿No será un pollo que puede comer todo el mundo y que es la mascota en un juego de béisbol? —intervino la colombiana.

Claudia y su amiga se morían de la risa. Lo mejor vino cuando mencionaron el *picadillo extendido*. La española pensó en «un picadillo laaaargo como una longaniza», mientras que la bogotana, recién llegada de Miami, creyó que era «una fuente de picadillo enorme, como esas que sirven en los restaurantes de La Pequeña Habana».

—Bienaventurados los ingenuos, porque no padecerán —murmuró Claudia.

Y pasó a aclararles que el *pollo de población* era un pollo racionado para todo el mundo, al que llamaban así con la idea de diferenciarlo del *pollo de dieta:* una minúscula porción adicional que podían comprar los viejos y ciertos enfermos. La frase *picadillo extendido* —y aquí Claudia adoptó el tono catedrático apropiado— debía entenderse como un aporte del socialismo caribeño a las corrientes poéticas del siglo XX. Se trataba de una antífrasis, es decir, de una figura de la retórica que consiste en denominar las cosas de manera opuesta a su sentido original. En otras palabras, el picadillo extendido en realidad estaba «recortado». Lo que antes era una libra de picadillo normal, ahora sólo tenía un poquito de carne verdadera y mucho de extrañas sustancias molidas, como huesos, cartílagos, y otras aún sin clasificar. De ahí el nombre científico con que los nativos habían bautizado ese hallazgo culinario: OCNI (Objeto Comestible No Identificado). En cuanto a las novenas, así le decían a la cuota de carne que debían recibir las personas cada nueve días. Una utopía, por supuesto: a veces pasaban meses, y la carne no aparecía ni invocándola en los centros espirituales... No se molestó siquiera en preguntarles qué pensaban del vocablo *fricandel.* De cualquier modo no hubiera sabido cómo describirlo. Se trataba de una asquerosa pasta de apariencia cárnica, hecha con sabe Dios qué sustancias secretas, cuya composición ni siquiera habían podido descifrar las amas de casa más sagaces.

Mientras cargaba con sus mandados rumbo al solar, recordó casi con añoranza aquella tarde. Las cuatro habían terminado en la barra del Floridita, cuando las periodistas las invitaron a unos daiquiríes. Se separaron siendo grandes amigas.

—Claudia.

Antes de volverse, olió el perfume.

—¡Cuánto tiempo, niña! —Elena y ella se besaron—. ¿Te llegó un familiar de afuera?

—¿Por qué lo preguntas?

—No te hagas, Elena. Mira esos trapos.

—Tengo que vestirme bien para mi nuevo trabajo.

—No sólo vestir, sino oler y calzar —añadió Claudia, estudiando cada detalle—. ¿Dónde estás trabajando? ¿En el Comité Central?

—Frío, frío...

—¿En una embajada?

—Tibio.

—¿Una diplotienda?

—Calentico, y a punto de quemarte.

—Déjate de adivinanzas y acaba de decírmelo.

—Primero tenemos que hablar.

—¿Por qué tanto misterio?

—Ya verás —y añadió en tono confidencial—: a lo mejor hasta puedo colarte... aunque a ti no te hace falta. Me han dicho que te va de lo mejor con ese artesano.

—Siempre fuiste de lo más optimista —bajó la voz—. ¿Sabes que a Rubén lo metieron preso?

La otra la miró horrorizada.

—No sería por eso del «sinsonte», ¿no?

—Pitirre.

—Da igual un pájaro que otro... ¿Fue eso?

—Sí, y lo peor es que sellaron el cuarto y me he quedado sin ropa y con muy poco dinero.

—Hija —le dijo en tono conspirativo—, pues ahora sí que tenemos que hablar.

—¿Por qué no vamos a mi casa?

—Hoy no puedo. ¿Mañana?

Se despidieron con la promesa de verse al día siguiente. Elena corrió hacia la esquina, haciéndole señas a un taxi, y Claudia entró en la cuartería. Cuando cerró la puerta de su vivienda y se volvió, estuvo a punto de dejar caer los paquetes. En una silla, junto a la mesa, estaba sentado un mulato achinado. Llevaba ropas claras y una expresión insolente en el rostro.

—Estás lista.

—¿Para qué? —balbuceó ella—. ¿Quién eres tú?

—Pronto estarás comiendo de mi mano, como un pajarito.

Aquello la dejó casi sin habla.

—No sé de qué hablas —dijo por fin.

—Tendré que darle las gracias a tu amiga.

De pronto, Claudia se dio cuenta de que no estaba hablando con una criatura real. Sólo entonces se atrevió a dar dos pasos para ver si se iba.

—Me gustan las hembras como tú.

—Vete —dijo ella apretando los labios—. Vete.

No le gustaba aquel tipo. Se diferenciaba de Muba y del Indio por la atmósfera gélida que dejaban sus palabras; y no parecía dispuesto a ayudarla. Se le antojó un mensajero del infierno. Para su sorpresa, el mulato se puso de pie y caminó hacia ella. Su aliento helado le llegó al rostro:

—Aquí terminó mi vida por culpa de una puta.

Ahora me sirvo de ellas. —Se echó a reír, gorjeando desagradablemente—. Casi todas se mueren de miedo al verme; dicen que soy un vampiro... ¿Tú no tienes miedo?

—Yo no soy ninguna puta.

El tipo se echó a reír

—Pero lo serás, mi reina.

Ella quiso abofetearlo, pero su mano atravesó una región helada. La imagen tembló como una holografía defectuosa y se fue debilitando hasta desaparecer por completo. Claudia cayó de rodillas, atacada por nuevas náuseas. Dios, ¿qué le pasaba? ¿Estaría enferma?

Recordó el perfume de Elena y su vestido. No trabajaba en una diplo ni una embajada, pero... tibio, tibio. Tenemos que hablar... Yo no soy ninguna puta... Pero lo serás... Tuvo que correr al fregadero para no vomitar en el suelo.

3

¿Putear o no putear? He aquí el dilema. ¡Y pensar que íbamos a acabar con las lacras del viejo imperio! Pero nada salió como esperamos. Ahora todos venden su alma al diablo o al mejor postor con tal de conseguir un jabón o un viaje al extranjero. No importa el fin ni los medios; no importa si el acuerdo se hace entre sábanas o en un bar. Hay quienes se acuestan a cambio de un bisté; y los hay que entregan informes a cambio de una casa, de un auto o de que se les permita cobrar sus derechos de autor en dólares. El cambio de los factores no altera el producto. La fórmula para prostituirse es siempre la misma, y no todos los putos de este mundo terminan en una cama.

Envidio el valor de aquellos que se deciden a gritar, a ser apaleados, a no dejarse vencer. Yo sólo me atrevo a resistir. Envidio a quienes prefieren tragar cien píldoras y quedarse dormidos como ángeles... Morir... dormir... ¡Tal vez soñar! Aunque también me pregunto qué clase de pesadillas tendrán quienes se han librado de esta vida. ¿Y si la muerte es sólo una telaraña donde quedan atrapadas las almas: las buenas sonando con su antigua existencia, y las malas padeciendo por las acciones que cometieron aquí? ¿Adónde iría yo si me muriera hoy mismo?

Sigo buscando una salida del caos, la llegada a una tierra prometida. Persisto taurinamente, me aferro a la esperanza, a cualquier escape de luz. Antes de que oliera el desastre, mi curiosidad me llevó a explorar esa puerta que hay tras la muerte. Aún extraño el rastro de los primeros dioses que encontré en un libro: deidades griegas y hermosas que adoré sin esfuerzo, posibles ecos de una vida anterior que intuí en sus clámides de piedra. Pero fue un culto efímero que perdí junto a mi infancia, quizás porque mi memoria se iba debilitando. Dejé de oír sus voces, dejé de asistir también a sus fugaces apariciones, y una tarde se marcharon para siempre a su monte lleno de nubes.

Entonces alguien me prestó una Biblia. La primera.

Recuerdo mi emoción, el rito de leerla a escondidas reservándome el gozo de un momento que no deseaba compartir. ¡Qué sabroso egoísmo! Por fin conocería al Dios que la gente visitaba en las iglesias. Hurgué con desespero entre las páginas; releí muchos capítulos creyendo haber entendido mal; pensé que la culpa de todo la tenía aquel extraño castellano en que estaban redactados los versículos. Pero por más que me afané, no encontré al Dios de mis sueños. Un ente vengativo e irascible había usurpado su lugar. Escuchar esa voz entre las páginas me provocaba angustia. Era un ente que prohibía el conocimiento a los hombres. ¿Qué clase de espíritu era aquél?

Pero no iba a darme por vencida. La Divinidad existía; sólo tenía que buscarla en el sitio apropiado. Me uní a otros estudiantes que también la perseguían. Siempre hubo una sed clandestina por lo espiritual, a pesar de todo el marxismo que recitábamos de memoria, y nadie —ningún adulto, ninguna institución— imaginaba que esa exploración existía: la escritura automática era la conexión con nuestros ángeles personales; el yoga y la astrología se estudiaban en las escuelas de arte; se discutía el I Ching en las facultades de periodismo y de cibernética; y todos visitábamos a santeros y espiritistas... Éramos tan felices, tan llenos de esperanzas.

Ahora todo eso ha pasado. Hace mucho que dejamos de conspirar y hoy cada cual trata de escapar como puede. Ya no voy a las cartománticas, ni leo los hexagramas chinos: las respuestas no son respuestas cuando ni siquiera hay un camino.

Ayer entré a una iglesia por primera vez en años, con la intención de hacer otro intento de hallar al Dios verdadero. Me senté un rato, cerca de la pila de agua bendita, y presté atención a esos ecos incorpóreos que cuelgan en el aire de los templos como espíritus que estuvieran allí para atender los rezos; pero dentro de las iglesias sólo se puede orar y esperar una respuesta, y yo me he quedado sorda para escuchar a Dios... no al Dios bíblico, al que nunca pude oír, sino a la Divinidad que está en todas partes. De cualquier modo, pese al silencio del alma, encontré allí algo que había olvidado: paz. Una paz absoluta y ultraterrena.

Dentro de una iglesia, mi corazón se libera y salta. Comprendo que es un camino angosto ese de la espera y el rezo, pero es mejor que ninguno. El mundo nos olvidó, y olvidó lo que éramos antes. Sólo algunos viejos parecen recordarlo. Los jóvenes tratamos de imaginar cómo sería el espíritu de esta otrora ciudad de maravillas, pero es difícil reconstruir semejante gloria a partir de unas ruinas. Por eso nos volvemos visionarios, arqueólogos del alma; nos convertimos en druidas contra el olvido; intentamos rescatar la memoria perdida, no mediante películas —las imágenes anteriores a nuestro nacimiento se guardan en bóvedas secretas—, sino a través de fotos y revistas amarillentas.

Pero sospecho que se trata de una meta imposible. El mundo, en lugar de ayudarnos, se ha vuelto cómplice. Nadie, ni siquiera quienes continúan visitando la isla como si se tratara de una meca, se atreven a repetir los antiguos mantras: fin de la prostitución, de la pobreza, de las castas, de la discriminación, de los privilegios... Nadie quiere reconocer que el sueño se perdió, que los ideales ya no existen, que dejaron de existir hace mucho. En el fondo nos han dejado solos, con nuestra hambre y nuestro espíritu... y una sola pregunta, que es el dilema de mi generación.

4

Claudia salió temprano, antes de que el sol se hiciera sentir. Era una hora en que aún podía respirar la humedad que retenían los muros de las casas tras beber el rocío nocturno; humedad que nunca llegaba a desaparecer del todo, ni siquiera en los días más calurosos, debido a la perenne brisa marina que azotaba a la capital. No había andado mucho cuando la vio. Venía en dirección contraria, como un transeúnte más en medio de aquel hormiguero que sólo cesaba durante las horas más oscuras de la noche para reanudarse apenas amanecía. A las ocho de la mañana, las calles ya bullían de actividad. Entre los que se dedicaban a hacer colas y los que caminaban por doquier o abarrotaban las paradas, se iba conformando la estampa habitual de la ciudad.

De momento Claudia no le prestó atención, pese a lo incoherente que resultaban sus ropas oscuras en medio de los shorts y las camisetas. Pero cuando estuvo a menos de veinte pasos y las miradas de ambas se cruzaron, el corazón le brincó enloquecido.

—Úrsula —murmuró, más para sí que para llamar a su antigua amiga de infancia.

La otra no la oyó, pero vio el movimiento de sus labios y la expresión de su rostro. De no haber sido por aquella reacción, jamás la habría reconocido.

—¡Claudita!

—Dios mío, cuánto tiempo.

Se abrazaron.

—¡Qué cambiada estás!

Y tú te ves tan rara, con ese traje... No pareces monja.

—¿Y cómo piensas tú que debería vestirme?

—Antes se ponían un sombrero gigante que parecía un mariposón, y un traje que les llegaba al suelo.

Úrsula se echó a reír.

—¿Qué haces por aquí?

—Vengo de visitar a la sobrina de un viejito al que cuido en Santovenia.

—¿Trabajas allí?

—Voy tres veces por semana al asilo, pero también doy servicio en otros lugares... ¿Y cómo estás tú? ¿Qué haces?

—Me gradué de historia del arte.

—Me imaginé que estudiarías algo así. Siempre andabas con la cabeza metida en algún libro.

—Estuve trabajando en el Museo de Bellas Artes hasta hace unos meses.

—¿Y ahora?

—Nada. Me botaron.

La sonrisa de Úrsula se esfumó.

—¿Te botaron? ¿Por qué?

—Protesté por la venta de unas obras de arte. Eran órdenes de arriba; así es que... —sonrió— casi soy una disidente.

—¿Te casaste o vives sola?

—Vivía con alguien, pero lo cogieron preso hace unos días.

—Jesús. —Úrsula se persignó—. ¿Qué hizo?

—Nada; sólo era un artesano. Vendía carteras en la Plaza de la Catedral.

—Ah, sí, oí hablar de la redada. ¡Qué pena! Con las cosas tan lindas que hacían. Yo estuve dos veces allí. A lo mejor hasta lo vi... ¿Y ahora qué piensas hacer?

Claudia se encogió de hombros.

—Ni idea, pero un amigo me prometió... —se detuvo.

Úrsula notó su palidez y el sudor que le perlaba el rostro.

—¿Qué te pasa?

—Nada —susurró Claudia—. Fue un mareo. Ya pasó.

—¿Te dan a menudo?

—Nunca.

—¿No será uno de esos que te daban cuando eras niña?

—El médico le dijo a mima que eran emotivos. Hace mucho que no me daban.

Úrsula recordó a los padres de Claudia, y también la tarde en que recibió la noticia del horrible accidente. Su amiga nunca lo supo, pero aquella chispa encendió su deseo de esconderse en algún sitio.

—¿Dónde estás viviendo? —preguntó Claudia—. Me gustaría mucho hablar contigo; contarte de mí y que me cuentes de ti.

—Vivo en La Ceiba, cerca del cine Avenida.

—Uf, eso está lejos.

—Pues yo vengo por aquí a menudo. Atiendo a varias familias de... ¡Ay, Santísimo!

—¿Qué hay?

La monja pareció súbitamente ajena a la presencia de Claudia.

—¿Qué ocurre? —tuvo que sacudirla para reclamar su atención.

—Ese hombre.

—¿Quién?

—Onolorio.

Claudia se volvió a mirar, pero detrás de ella sólo había un latón de basura.

—¿Qué hombre, Úrsula? No veo nada.

Úrsula dejó de persignarse y retrocedió unos pasos, tomando a Claudia por el codo.

—Es la primera vez que lo veo. Un mulato... Debe estar mezclado con chinos.

Claudia sintió que se le erizaban los cabellos de la nuca.

—¿Todavía tienes «la visión»?

Úrsula dejó de mirar por encima de su hombro para clavarle la vista.

—Nunca la he perdido.

—¿Y qué dicen de eso en el convento?

—Nada —murmuró—. Nadie lo sabe... ¡Tienes que protegerte! Coge esto.

—¿Qué es?

—Mi cruz personal. Está bendecida por el mismo Papa. Yo la he usado siempre como protección, pero ahora tú la necesitas.

Claudia se la devolvió con suavidad.

—Úrsula, perdóname, pero ya sabes lo que pienso de la Iglesia. Eso de los intermediarios me parece...

—Por favor, hazlo por mí. ¡Aunque sea para tranquilizarme!

—Como quieras.

—¿En qué andas metida? Ese hombre... o lo que sea, no presagia nada bueno.

Claudia suspiró.

—No sé cómo puedes verlo ahora. Se me apareció por primera vez hace dos días. Me habló, pero no me dijo su nombre.

—¿Tú también conservas «la visión»?

Se miraron con ternura, casi orgullosas de aquel impalpable universo que ambas compartían.

—Ese tipo es peligroso —le advirtió Úrsula.

—Lo sé. Es el único que me da miedo.

—¿El único?

—Muba no me hace sentir así.

—¿Sigues viéndola?

—Nunca me abandonó.

—A mí tampoco.

Claudia soltó una risa nerviosa.

—¿De qué te ríes?

—Me imagino la cara que pondría tu confesor si le dijeras que hablas con el espíritu de una negra conga.

El rostro de Úrsula se ensombreció.

—No digas eso, Claudia. No sabes lo mal que me hace sentir.

—¿Qué?

—Seguir viendo esas cosas. Me siento culpable.

—No seas idiota. ¿Culpable de qué?

—Hay algo en eso que no está bien.

—Según los preceptos católicos, es posible —le dijo Claudia, muy seria—. Pero ¿no crees que Dios está por encima de cualquier Iglesia?

—Si quieres que seamos amigas, no vuelvas a decirme esas cosas.

—Es que no me gusta que la gente se sienta mal por un crimen que no cometió.

—La culpa es mía, no de la Iglesia.

—Mejor dejemos eso.

—Prométeme que vas a usar la cruz.

Claudia abrió la cadenita que llevaba al cuello y deslizó en ella la pequeña cruz de plata.

—Un amuleto más no me hará daño.

—La cruz no es un amuleto.

—¿Ah, no? ¿Y qué es?

—Un símbolo.

—¿Y entonces para qué me has dado esta cruz?

—Para que te proteja.

—Todo objeto que sirve para proteger es un amuleto, corazón.

Úrsula guardó silencio, sin saber qué decir.

—¿Onolorio sigue ahí?

La monja asintió.

—Tienes que cuidarte, Claudia. Ese hombre está esperando.

—¿Esperando qué?

—No sé... A que hagas algo malo.

Claudia sacó un papel de su cartera y apuntó algo.

—Ésta es mi dirección. ¿Podrás venir a verme?

—Por supuesto. —Úrsula guardó el papelito en un bolsillo, antes de besarla—. El martes que viene, después del almuerzo.

—Voy a esperarte.

Temiendo que se le hubiera hecho demasiado tarde, Claudia echó a andar de prisa. Úrsula la vio doblar la esquina y sólo entonces se volvió para seguir su camino. Onolorio seguía allí, junto a los latones de basura. La monja se persignó y el hombre le hizo un gesto obsceno. Por primera vez en mucho tiempo, ella sintió que la sangre se le subía al rostro. Sin pensarlo, alzó el brazo y trazó una cruz frente al fantasma, que se desvaneció en el aire como si fuera niebla. Aquello la asustó un poco. Miró en torno, pero nadie había notado sus movimientos; excepto una niñita que tomaba su biberón sentada en el quicio de una puerta y que todavía no tenía la edad suficiente para contar que había visto cómo una mujer de traje raro hacía desaparecer una sombra que se mecía en el aire.

5

Ni siquiera puedo decirte si la Mora era una soñadora como Claudia. A veces se quedaba un poco lela, pero no tengo idea de lo que pasaba por su cabeza. No recuerdo que me haya contado nunca un sueño; ni cuando me quedaba a dormir con ella y tenía que despertarla porque gritaba como si la estuvieran matando... Me pasaba el mes inventándole cuentos a Lety para poder dormir afuera. ¡Y trabajo que me costó convencerla! A mi mujer, no, a la Mora. Al principio ni siquiera quería salir conmigo. Y cuando logré que me acompañara, sólo aceptaba si eran lugares llenos de gente: un teatro, un parque, el Malecón. Pero siempre me dejaba con la palabra en la boca con cualquier pretexto: que si era tarde, que si el niño... Se lo dejaba a una amiga, pero a veces no eran ni las once y ya se quería ir. Así me tuvo como tres meses. Me volvía loco. Era un misterio. Me di cuenta de que ella tenía miedo, pero no sé de qué. Y luego, cuando por fin nos empatamos y creí que los enigmas se irían al carajo, nada: la cosa no mejoró. Claro que hablábamos de mil cosas. Tampoco era una esfinge. Tuve que engrasarme el cerebro, que ya lo tenía oxidado después de diez años de casado. No sé desde hacía qué tiempo que ni leía. Me imagino que fue ahí cuando Lety empezó a sospechar. Pero es que después de haber compartido montones de libros cuando éramos novios, ella también había dejado de leer con eso de la paridera. Y la verdad es que nuestras conversaciones se habían vuelto la cosa más aburrida del mundo: que si Tatico no tiene zapatos, que si Lorencito está pálido y no come, que si la cuota de arroz no alcanzó... Compadre, yo la quería, pero tenía un aburrimiento de padre y señor mío. La Mora me sacó de la rutina. Me revolvió las tripas y el seso. Me viró al revés. Cuando empecé a salir con ella, casi me horroricé de mí mismo. Empecé a usar palabras que hacía años no decía. Fue ella quien me ayudó a salir del hueco. Gracias a ella volví a abrir mis entendederas. Tú sabes que lo mío era más bien la ciencia, pero también me gustaban los tipos como Salinger y Mark Twain... Ahora tuve que ponerme de lleno para las vanguardias, estudiarme los «ismos» y una pila de autores que no conocía ni de oídas. Ella me prestaba los libros. Algunos los sacaba de la biblioteca; otros eran de amistades que viajaban al extranjero y los entraban de contrabando. La verdad es que descubrí maravillas. Y mientras leía, sentía que el cerebro se me removía. Te lo juro. Como si todo allá adentro se estuviera acotejando de nuevo. Estoy seguro de que las neuronas estaban asustadas con tanta información que les caía encima otra vez. Estuve al borde del síncope cerebral. Lety se mosqueaba cuando empezaba a hablarle del último libro que ella no tenía tiempo ni de hojear. Yo trataba de ser discreto, pero a veces se me escapaban cosas y la relación se fue apagando, aunque al principio no me di cuenta. Estaba obsesionado con mi Mora, y ella parecía apegarse cada vez más a mí. Creo que eso fue lo que la hizo huir: el miedo a complicarse.

O a lo mejor fue otra cosa, pero a mí me gusta pensar que fue eso. Mira que fui estúpido. Tanto lío por salvar mi matrimonio y, total, ¿para qué? Después que la Mora me dejó, Lety también se fue. Es que las cosas ya estaban muy jodidas, y se fueron jodiendo más en los últimos meses. Yo mismo había cambiado y, aunque traté de disimularlo, Lety lo notaba. En realidad no creo que me haya dejado porque sospechara de un tarro, sino porque ya no podía entender lo que decía. Eso fue lo que me dijo: que era incoherente, que ya no me importaba lo que le pasara a los niños. Pero te aseguro que no es cierto. Coño, si me quedé allí fue por ellos. Pero nada, no parábamos de discutir. Mañana, tarde y noche. Lo de la Mora me tenía irritado, andaba con un humor de mil diablos y Lety pagaba las consecuencias. Al final se fue a vivir con su familia a Camagüey. Yo voy por allí de vez en cuando, a ver a los chamas, aunque a veces pasan meses entre una y otra visita; con lo malo que está el transporte, no puedo darme ese lujo muy seguido. Hace dos semanas supe que se había casado de nuevo. Así es que mis esperanzas se fueron a la mierda... Si yo lo hubiera imaginado, nunca, óyeme bien, *nunca* habría dejado que la Mora se marchara. Pero ¿cómo iba a saber lo que pasaba por la mente de esa mujer? De haberlo sabido, quizás habría podido hacer algo. Pero las mujeres son animales misteriosos. Sólo Dios es capaz de descifrarlas. Y a lo mejor, ni Él.

6

La cola doblaba la esquina y pasaba de largo junto a las vitrinas vacías de las tiendas. Tendría que buscar a Nubia en aquel maremágnum de gentes. Cargó en brazos al niño, que gimoteaba por el calor o quizás por el cansancio de la caminata, y empezó su éxodo desde el inicio de la fila. Encontró a su amiga seis tiendas después, poco antes de doblar la esquina.

—Pensé que no ibas a llegar nunca —susurró Nubia—. Esto está malísimo. La policía vino dos veces por la madrugada.

—Tuve que darle el almuerzo a David.

—¿Cuándo abren? —preguntó la Mora mientras se mecía, tratando de calmar al niño.

—A las doce y media.

—Yo creí que estarías más cerca.

—Hay gente marcando desde las tres de la mañana.

El sol castigaba a la multitud ansiosa, y el niño no cesaba de lloriquear aunque su madre se mantenía dando salticos para calmarlo. No había ni un pedazo de sombra libre donde guarecerse, pero quizás fuera mejor eso que permanecer hacinada entre quienes sacrificaban el disfrute de la brisa que corría por la calle con tal de librarse de los rayos solares. Recordó el verano de su embarazo, aquel horno interior que generaba millones de grados de temperatura por minuto... o ésa era su impresión. Había sido una experiencia alucinante de la que sólo guardaba recuerdos dolorosos: las punzadas que le recorrían el espinazo a toda hora; la dificultad para caminar, para sentarse, para dormir; y lo peor de todo: el hambre. Un hambre dolorosa y punzante. Inextinguible. Sádica. Durante aquellos meses se comió todo el revestimiento de cal de su cuarto. Arañaba las paredes con un cuchillito e iba recogiendo en un plato el polvo y los pedacitos delgados como papel, que luego se comía con un extraño sentimiento de culpa.

—¿Cuántos van a dar? —preguntó para sacudirse las ideas.

—Cuatro jabones y dos pomos de champú por persona. Por eso te dije que trajeras al niño... Algunos han marcado varias veces. Yo no pude hacerlo porque no tenía a nadie a quien dejar en mi lugar.

Meció al niño. Observó la rubia pelusa y suspiró. Sí, había sido una experiencia atroz. Y sin embargo, en todos esos meses de miseria algo mágico se fue produciendo en su interior. Una conexión. Como si compartiera sus pensamientos con aquella criatura que se movía dentro de ella. A veces le llegaban imágenes e ideas raras; eran colores o formas amorfas cuyo significado desconocía. Un día llegó a la conclusión de que eran los sueños de su hijo. Aquel nexo aún se mantenía, incluso después de llevar tantos meses fuera de ella. El niño sólo necesitaba mirarla para que ella supiera si tenía hambre o sed o sueño o, simplemente, si estaba aburrido. En realidad, su madre no hablaba mucho sobre él; pero su existencia, más que una criatura que iniciaba su propia vida, era la de una voz que clamaba desde ella. Y por esa almita endeble y llorona estaba dispuesta a todo.

—¿Podrás cuidármelo hoy?

—Siempre que sea después de las siete...

—A las ocho estaré en tu casa.

Recostó su mejilla a la cabeza del niño y aspiró. Un aroma a violetas y a manantial: el olor natural de los bebés.

—¿Vas a salir con Gilberto? —La pregunta de Nubia la sobresaltó.

—No, él y yo terminamos.

Su amiga se le quedó mirando con expresión de incredulidad. En ese momento se produjo un escándalo. Alguien que había salido de la tienda volvía a meterse en la cola. Se oyeron gritos de: *¡Descarada! ¡Quiere colarse! Aquí hay gente que todavía no ha cogido nada.* Y la respuesta: *Para la otra, trae a tu abuela.* Y otras voces: *Caballero', caminen y dejen eso...* La cola volvió a moverse.

—¿Por qué se pelearon?

—No sirvo para andarme escondiendo. Me pone los nervios de punta.

—Al principio no te importaba.

—Ahora estoy harta.

—¿Ya no te gusta?

La Mora se encogió de hombros.

—Me lo imaginé —concluyó Nubia—. Tienes miedo de enamorarte, ¿verdad?

Silencio.

—¿Qué importa si sucede? —Nubia volvió a la carga—. Tú no tienes a nadie.

—Pero él, sí. Y no va a dejar a su mujer.

—¿Qué sabes tú?

—Si no lo ha hecho en todo este tiempo es porque no lo va a hacer nunca. David está creciendo. No puedo seguir manteniendo esta situación. —Acarició la cabeza del niño adormilado—. No quiero que se encariñe con él. Gilberto tiene su familia.

—Por Dios, ni que fueras la única en esa situación. Hay montones de mujeres que...

—¡No me importa lo que haga el resto de la humanidad! Yo soy yo. Nací sola, y sola me voy a morir. Mi vida es mía.

—No sé para qué trato de razonar contigo —murmuró Nubia—. Como si no te conociera.

Poco a poco se acercaban a la puerta. Ya era posible oír el ruido atronador de los ventiladores colocados a la entrada para aliviar la atmósfera del local. Cerca de la puerta estalló otra discusión.

—Sólo quiero saber algo —pidió Nubia—. ¿Cómo vas a alimentar a David?

—Seguiré con mis traducciones.

—Pero si apenas...

—Nubia, no insistas. No voy a cambiar de opinión.

Nubia observó el rostro cansado de su amiga, que le dio la espalda y se puso a mirar la vidriera donde sólo había un maniquí desnudo rodeado de botellitas de champú color miel.

7

Sobreviviré. De algún modo, sobreviviré. Pero no sé todavía cómo. Sissi me ha pedido mil veces que la acompañe a comer con unos turistas. «Sólo quieren hacer amistad. Están aburridos. No conocen a nadie.» Le dije que necesitaba un trabajo de verdad, no salir a comer mientras mi hijo se queda en casa; y ella replicó que ése sería mi trabajo: acompañar a turistas solitarios, conversar con ellos. «No todos quieren acostarse», aseguró. Pero a mí me da un no sé qué raro. Eso de ser dama de compañía, una especie de aya caribeña lo bastante educada como para hablar de pintura prerrafaelita, y al final recibir unos dólares, suena demasiado bonito. No me lo creo. «Lo único obligatorio es la conversación agradable —me aseguró Sissi—. Lo demás depende de ti; pero para serte sincera, yo no me caliento la cabeza pensando en imponderables. No soy tan filósofa como tú. Si me gustan, me acuesto con ellos y recibo más dinero. Si no me gustan, no lo hago y sanseacabó. Sea como sea, siempre hay plata»... No la reconozco. Pobrecita Sissi. Ella quería ser directora de cine, como la Meszaros o la Bemberg. Decía que su sueño era hacer una película como *Yo, la peor de todas* o como aquella otra canadiense con un título que le daba tanta envidia: *He oído cantar a las sirenas*. Esa noche, ella y Nubia tuvieron tremenda discusión porque Nubia decía que lo más genial eran los viajes místicos de la tipa a sus paisajes fotográficos, y Sissi le decía que lo mejor era la banda sonora: el canto de las sirenas que la llamaban al abismo de la creación. Se desquició con el final que venía después de los créditos, cuando ya la mitad del cine se había levantado y creía que ya no sucedería nada más. «Un orgasmo del séptimo arte», proclamaba a voz en cuello en plena Rampa... Pobrecita Sissi. Ahora sus únicos orgasmos, si es que los tiene, son con turistas que ni siquiera han oído hablar de esas directoras. Eso es lo que quiero evitar: convertirme en una directora de cine frustrada, en una ex curadora de museo... Tiene que existir un modo de vivir que no implique oficiar de hetaira moderna.

Hace una semana, Sissi me presentó a un estudiante de lengua inglesa que trabaja por su cuenta como guía turístico. Se ocupa de conseguir taxis baratos (porque son autos de amigos suyos a los que paga una comisión) y de organizar excursiones a lugares históricos. Al final recibe un pago en dólares o en especies: ropas, comida, jabones, pasta de dientes... Si compruebo que no se trata de un cuento chino que me han hecho para engatusarme, sería algo que podría hacer; al menos por Davicito, que no ha estado muy bien últimamente. Creo que tiene anemia. Pero ¿qué niño aquí no la tiene? Tengo que volver al policlínico para ver si ya llegaron las agujas para los análisis. Ya he ido dos veces y siguen en las mismas. «Lo sentimos, compañera, pero todavía no hemos recibido las agujas. Venga la próxima semana»... Yo, de guía turística. Como si me hubieran dicho que iba a terminar soltera, con un hijo y sin trabajo.

8

Ella era Sigourney Weaver dentro del *Nostromo*. Iba de aquí para allá, rompiendo sellos y desgarrando cajas de donde iba sacando artefactos de aspecto amenazante hasta hallar un lanzallamas poderoso que cargaba con una munición desconocida (¿láser?, ¿neutrones?, ¿plasma?), antes de parapetarse con la jaula de su gato al final de una encrucijada de pasillos y asomarse con cuidado para ver si la Criatura andaba cerca; y todo ello, mientras la nave chillaba con estridencia sus alarmas y la voz de la computadora Madre anunciaba dulcemente su suicidio... Ése era el escenario dentro de su mente que se preparaba a enfrentar lo desconocido.

Exteriormente se cubría la frente y la nariz con polvo de arroz molido, se ennegrecía las cejas con betún de limpiar zapatos y difuminaba la sombra verde sobre sus párpados, hecha con un desodorante en crema —que no podía usar porque le tupía los poros de la axila— al que había añadido una gotica de acuarela verde. Lo único auténtico en el maquillaje era el reseco creyón de labios que ya tenía cerca de seis años, pero que aún cumplía con dignidad su misión.

Sigourney Weaver se irguió ante el espejo con su metro y noventa centímetros de estatura —en realidad, ella sólo medía un metro y sesenta y seis, pero le hubiera gustado ser como la walkiria gringa—, y tomó una granada de mano. Por unos segundos observó el objeto y se dispuso a quitarle la espoleta. Arrancó los cabellos adheridos al cepillo. Se ajustó el casco que le permitiría resistir la ausencia de presión cuando abriera la compuerta que daba al exterior para expulsar a la Criatura de la nave. El cepillo sacó chispas de sus cabellos, que se cargaron de estática debido a la humedad reinante en la atmósfera de su escondite. Examinó rápidamente los cierres de su traje, los tubos de respiración, los indicadores del casco. Dio una vuelta ante el espejo, ajustó el vestido a su cuerpo y se alisó la falda... Contempló su imagen sin verla. ¿No había alterado la secuencia del filme? Primero la astronauta Ripley debió cambiarse de ropa y ajustarse el traje presurizado; después habría ido en busca del arma y del gato. ¿O no? ¡Qué rabia le daba olvidarse de esos detalles! Pero se le hacía tarde. Decidió dejar la nueva versión para otro momento.

Había quedado en encontrarse con su amiga en los portales del Habana Libre, pero no cerca de la puerta donde los «segurosos» podrían sospechar si veían pasearse a una joven. «No es que vayamos a hacer nada malo —le dijo Sissi—. Pero siempre tengo líos con esa gente. Nada más me ven, empiezan a pedirme identificación.» Por eso le sugirió que se reunieran en la zona del portal que lindaba con 23, allí donde el salón rodeado de paredes de cristal, con cortinas que nunca dejaban ver el interior, las haría invisibles para quienes deambularan por la entrada.

Descubrió a su amiga recostada en la baranda, observando el ajetreo de quienes salían y entraban en la librería.

—Ya llegaron —le dijo, apenas la vio llegar.

—¿Dónde están?

—Ahí enfrente, en la librería. No me vieron, pero acaban de entrar. Vamos.

Cruzaron la calle, seguidas por las miradas curiosas e impertinentes tan habituales entre los cubanos; y también por alguno que otro piropo lanzado desde los vehículos en marcha. Dos turistas anglosajonas se quedaron atónitas ante aquella desfachatada muestra pública de «acoso sexual» —acción que habría provocado una demanda judicial en su país—, pero que en ese rincón del Caribe no recibió la menor atención por parte de las víctimas.

Los amigos de Sissi no tenían aspecto de mexicanos; al menos no se parecían en nada a esos tipos bigotudos y con piel de aceituna que se veían en el cine. Se presentaron con mucha educación. Arturo y Henry, para servir a las señoritas.

—Mucho gusto, me llamo...

—Todas sus amigas le decimos Mora —la interrumpió Sissi—. ¿No es muy romántico?

Ellos quisieron saber de inmediato la razón del sobrenombre, y Sissi les contó la historia del anillo perdido y les recitó el poema de Martí sobre la mora que había arrojado su perla al mar y que luego enloqueció de arrepentimiento.

—¿Por qué no me dejaste decir mi nombre? —preguntó a su amiga en un aparte, mientras caminaban por la Rampa en busca de un taxi.

—¿Estás loca? Mientras salgas con turistas, nunca

digas tu verdadero nombre. Si la policía los interroga para pedirles información, eso puede hundirte.

—Sólo voy a servir de guía turística.

—No importa. Para la Seguridad, todas las tipas que salen con turistas son putas.

Por fin los hombres detuvieron un taxi y ambas corrieron a reunirse con ellos. El auto enfiló proa al mar. Para ir hacia la zona del puerto debía bordear el litoral, pero la Mora vio cómo el auto saltaba el muro de concreto, armado con un par de alas aceradas que reflejaban el sol, y seguía en dirección al horizonte... Fantomas evadía, una vez más, el asedio de Scotland Yard y escapaba de la manera más insólita. Escuchó su risita burlona bajo la máscara azul.

—El cañonazo siempre suena a las nueve en punto —decía Sissi en el instante en que el auto doblaba hacia el puerto—. Es una costumbre que viene de la época de los piratas. Yo nunca lo he visto, pero sé que lo lanzan desde una fortaleza que está al otro lado de la bahía. Dicen que antes su entrada era más ancha...

Se bajaron frente al Muelle de Caballería y cruzaron la avenida hasta Don Giovanni. Aunque los muros de la restaurada mansión ya presentaban manchas provocadas por la acción del salitre, el aspecto de la casona seguía siendo impresionante. Subieron la oscura escalera, cuyos escalones producían un acogedor eco de vetustez. Arturo hizo notar que, a diferencia de las construcciones antiguas en otras latitudes, los ruidos de esos palacetes habaneros poseían una extraña cualidad que difuminaba las presencias hostiles del pasado. Henry estuvo de acuerdo con él.

—¿Saben que ustedes no parecen mexicanos? —se atrevió a decir Sissi.

Pero ya el camarero venía a atenderlos. Escogieron una mesa cercana a un balcón, por donde entraba una brisa que batía los blancos manteles como si se tratara de banderolas de feria. Después de escoger vinos y platos, salió a relucir la historia familiar de los visitantes: el padre de Arturo era un chileno descendiente de alemanes que había emigrado al norte de México en los años setenta para abrir una compañía de explotación minera; la familia de Henry provenía de alguna ciudad gringa que se había asentado en la frontera mexicana dos generaciones atrás. Ambos se habían conocido mientras estudiaban ingeniería. Venían a Cuba porque habían oído hablar de las bondades de su turismo.

—¿Qué quieres decir con eso de las «bondades del turismo»? —el tono de la Mora abrió una brecha helada en la tarde.

Sissi intervino, asustada por la pregunta de su amiga.

—¿A que no imaginan qué edad tiene esta casa?

—Más de cien años —aventuró Henry.

—Más de dos siglos —reveló Sissi.

—¡Qué bestia!

La llegada de los canelones y las lasañas diluyó el diálogo. Comieron y tomaron sangría hasta que la estatua del Cristo frente a la bahía comenzó a sonrojarse con su habitual rubor vespertino.

—No, gracias. —La Mora rechazó el vaso que le tendía Henry—. Ya bebí mucho.

—¿Vamos al Copa? —propuso Sissi.

Tomaron un taxi hasta el hotel Riviera; pero cuando llegaron, el cabaret aún no había abierto. Decidieron esperar en El Elegante.

—Yo quiero sentarme en la barra —dijo Sissi, tirando de Arturo—. Me gusta ver cómo preparan los tragos.

Se acomodaron frente al sitio donde el barman picaba el hielo.

—En seguida los atiendo —les dijo, alcanzándoles una carta.

—Yo quiero un Cuba Bella —pidió Sissi.

El joven tomó el vaso de la coctelera y empezó a echar en él la granadina, el jugo de limón, algo de ron y trozos de hielo; batió la mezcla a pulso; vertió en una copa un chorrito de crema de menta; coló el contenido de la coctelera en la copa, cuidando de que no se mezclara con la crema, y la adornó con una tajada de naranja, una rama de hierbabuena y una guinda. Por último, roció ron añejo sobre el coctel.

—Oiga, ¿con qué se prepara una Mulata? —dijo Henry, mientras leía.

—Crema de cacao, añejo, limón y azúcar.

—Suena bien.

—¿Y un Sevilla? —preguntó Arturo.

—Granadina, jugo de limón, carta blanca, angostura y almíbar.

—¿Almíbar en un trago? No, gracias.

—Yo quiero uno —dijo la Mora.

El resto de la noche se la pasaron comparando sabores, bebiendo de copas ajenas y pidiendo nuevas mezclas. Para cuando el cabaret abrió sus puertas, todos estaban borrachos. Mientras miraban el espectáculo lleno de lentejuelas, plumas y bailarinas semidesnudas, Henry le susurró a la Mora:

—Te compré esto.

Ella se volvió, sin entender de qué hablaba, y descubrió un pañuelo de seda, grande y violeta, que él le enrollaba al cuello a manera de bufanda. Algo en su cerebro gritó peligro.

—No, gracias —susurró—. Yo no necesito ningún pañuelo.

—Pero yo te lo regalo porque quiero. Los regalos se hacen por placer, no por necesidad.

En otras circunstancias, tal vez se hubiera marchado de allí dignamente. Pero se sentía tan bien en aquel sitio tan lindo. Estaba alimentada, soñolienta, arropada en esa atmósfera helada donde los colores borraban la realidad gris de todos los días. Se abandonó al aliento que le quemaba el cuello... El bullicio cesó y ella estaba en una cama enorme, enorme, enorme, y alguien la desnudaba y ella no oponía resistencia cuando le abrían las piernas y la seda violeta le recorría los muslos y subía por su vientre y le acariciaba los pechos, y sentía que la alzaban por la cintura y la penetraban, y ella se entregaba al placer, al puro placer, y luego la colocaban frente al balcón abierto del hotel y ella sentía que se empapaba y una sensación caliente le mojaba las nalgas y ella se venía como una perra, arrodillada bajo la noche en una posada de lujo... Ni siquiera se enteró de que un ser invisible contemplaba la escena, sentado en un sillón del cuarto.

Incluso a la mañana siguiente, cuando despertó y se

halló desnuda en una habitación desconocida, no entendió lo que había ocurrido. Sólo al ver los dólares junto a la mesa de noche, supo que se había convertido en otra Sissi. Sintió la llave en la puerta. Rápidamente se metió en el baño a lavarse la cara. Tras un suave toque de nudillos, se secó las lágrimas con una toalla y salió. Henry le tendía el puñado de dólares, envuelto en el pañuelo de seda.

—Pensé que te habías ido sin esto.

Ella sintió que la sangre le subía al rostro, pero una idea borró de golpe todo escrúpulo. Con ese dinero podría entrar a cualquier diplotienda y comprar comida y ropas para su hijo. Casi no reconoció su aplomo al tomar los billetes y meterlos en su bolso:

—¿Has visto a Sissi?

—Está en la cafetería con Arturo. ¿Vienes con nosotros?

—Tengo que irme.

Terminó de vestirse.

—¿Puedo llamarte de nuevo?

Estuvo a punto de mandarlo a la mierda, pero se contuvo. Una sensación de dureza y poderío brotaba de ella como un instinto.

—No tengo teléfono —respondió con calma—. Puedes dejarme los recados en casa de Sissi.

Fue a abrir la puerta, pero él la retuvo un segundo, comprimiéndola contra la pared mientras la besaba. Lo dejó hacer, como si aquel acto no tuviera relación con su cuerpo. Hubiera preferido apartarlo, pero el deseo volvía a surgir entre las piernas del hombre, que allí mismo le alzó la falda y la penetró sin miramientos. En ese instante vio aparecer la familiar imagen del mulato, en el otro extremo de la habitación. Ella lo miró sin pestañear, mientras el extranjero se desahogaba en su interior. Le pareció que el ente también se acariciaba, aunque no le fue posible observar todo su cuerpo, semioculto tras un búcaro lleno de flores. Por fin el hombre la dejó libre.

—No me has dicho tu nombre —le dijo, interponiéndose entre ella y la puerta.

—Sissi me dice la Mora desde que...

—No me vengas con ésas. —Le apretó un brazo—. ¿Cómo te llamas?

Casi sin mirarlo, susurró:

—Claudia.

Donde el amor se nutre de cualquier espejismo

Somos la imagen que otro refracta desde su corazón. *Si tú me miras, yo me vuelvo hermosa como la yerba a que bajó el rocío*. De nuestro espíritu brota ese fuego alucinógeno que empapa las neuronas y altera la percepción. *Y que yo me la llevé al río creyendo que era mozuela*. Juega con nuestra cordura, se burla de nuestros sentidos, llena el entorno de aromas engañosos. *Detente, sombra de mi bien esquivo, imagen del hechizo que más quiero*. ¿O de qué modo se explicaría que una persona se convierta en alguien diferente al pasar por el tamiz ilusorio de un amante? Es una mala pasada de la química amorosa, porque el amor no es ciego como reza el refrán; lo que ocurre es que los amantes inventan lo que no es y ven lo que no existe: nunca es posible predecirlos. *Al que ingrato me deja, busco amante; al que amante me sigue, dejo ingrata; constante adoro a quien mi amor maltrata; maltrato a quien mi amor busca constante.* Nadie logra escapar de esta lúcida ceguera que siempre termina por herirnos. Ni remedios ni pociones curan. Una vez atrapados, sólo nos queda rezar. *¿Cómo quedan, Señor, durmiendo los suicidas?* El amor es un masoquismo. *Puedo escribir los versos más tristes esta noche.* El amor es una condena. *Estoy convicto, amor, estoy confeso.* El amor es una trampa. *No es que muera de amor, muero de ti.* El amor bucea entre los cuerpos de otros obsesos, sale a la superficie y respira el aire que siempre cambia. Ya está listo para dejarse engañar de nuevo. Pero siempre nos hacemos los sabios, los experimentados exploradores que ya conocen el terreno que pisan por enésima vez. Nada tan vergonzoso como aceptar nuestra propia imprudencia. Y no hay nada que podamos hacer. El amor es un opio. *Rosas, rosas, rosas a mis dedos crecen.* El amor es la mariguana de los cuerdos. *Me desordeno, amor, me desordeno.* El amor es una ensalada de hachís. *¿Qué es poesía?* El amor se repite siempre —*¿y tú me lo preguntas?*—, incapaz de aprender.

INTERLUDIO
—

Hay sol bueno y mar de espuma y arena fina, y las cubanas salen a estrenar sus ropas regaladas por los turistas. Rompen las olas contra el Malecón, testigo de amores y despedidas, de promesas y pactos suicidas, o del recuerdo de alguien querido que se fue allá, *muy lejos, donde las aguas son más salobres...*

Al calor de ese atardecer, Claudia avanza entre las miradas que auscultan las calles desde los autos alquilados con dólares; ajena a la presencia de otras mujeres que, como ella, sólo buscan sobrevivir hasta que un milagro les permita simplemente seguir viviendo. Muchas veces ha recorrido el mismo tramo asfaltado de la costa; muchas veces ha sido testigo de lo que nunca quisiera para una hija. *«Vaya la niña divina», dice el padre, y le da un beso. «Vaya mi pájaro preso a buscarme arena fina.»* Y las muchachas se van a buscar billetes verdes en la tierra donde se confunden el azúcar más blanco y el tabaco más oscuro del mundo.

Ella va de todo juego, con aro, y balde, y paleta... Y su taconeo va llamando la atención sobre el movimiento en andante supremo de sus caderas. Hasta un señor de ropas raídas que, sentado sobre el muro garrapatea unos apuntes mientras el viento lucha por arrebatárselos, levanta la vista a su paso.

Un auto se detiene cerca, pero ella no le presta atención. Alguien la espera en otro sitio. El aire perverso levanta su falda y los ocupantes del auto gritan.

El caballero de la ropa harapienta observa las fauces caninas tras el andar aniquilante de la hembra. Quisiera golpearlos, pero sabe que nunca logrará llegar a ellos. Él es sólo una sombra traslúcida, una presencia de otro siglo. La mano huesuda le tiembla sobre el papel y escribe sus inspirados versos: *«Vienen a verlas pasar: nadie quieres verlas ir»*... Y vuelve a contemplar, desolado, el aspecto de las muchachas que deambulan junto a la costa. Las estudia en su ir y venir: labios húmedos, piernas torneadas, ojos de contornos egipcios o hebreos; toda la gracia de España y África, sazonada con especias francesas, flameada con vino portugués, perfumada con esencias del Líbano, delineada con los rasgos espléndidos de la *dolce* Italia y el gesto flexible del bambú asiático... Mixtura y cocción bajo el sol del trópico. Ajiaco sabroso y caribeño. Así de dulce a la vista se le antojan todas a su mirada de enamorado antiguo. Saltan las olas y salpican sus zapatos agujereados, pero él sólo tiene ojos para una sílfide moruna que lo impulsa a seguir escribiendo aquellos versos que surgen como ramalazos de otra época... de su propia época: *«Me llegó al cuerpo la espuma, alcé los ojos y vi esta niña frente a mí con su sombrero de pluma.»*

Un golpe de viento le arrebata una hoja, que va a dar a los pies de Claudia. Ella se detiene y recoge el pliego; busca a su dueño y lo ve allí, sobre el corroído muro de cemento. Hay algo mágico en su mirada, y a ella se le antoja que lo conoce de otro sitio. Observa su espeso bigote, la palidez de su frente, su aire de poeta triste. Le resulta tan familiar, pero a la vez tan fuera de contexto... O quizás se equivoca.

Da media vuelta y sigue su camino, mientras el hombrecito se pregunta con amargura adónde se han ido los sueños de esas jóvenes en flor. Busca entre las páginas amarillentas que él ha escrito para una Edad de Oro que ya no existe. Qué lejos se encuentra su espíritu del ánimo con que escribiera: «*Y para el cruel que me arranca el corazón con que vivo, cardo ni oruga cultivo: cultivo una rosa blanca...*» Ahora comprende que no vale la pena malgastar la dádiva de una flor en quien permite que se pisotee a la más delicada de todas.

La brisa sopla en dirección al mar. A propósito deja escapar aquellos papeles que vuelan a posarse sobre las olas. Algunos se pierden mar adentro, en dirección al estrecho de la Florida, con la premura de esos náufragos que huyen de la isla a toda hora; otros quedan atrapados por una corriente que los devuelve a tierra. Sabe que ésos se quedarán allí, desgastándose sobre las rocas y envejeciendo bajo el cielo inmutable. No sospecha que algunos atracarán esa noche en un lugar oculto de la costa, donde un militar, harto de todo, decide arriesgar su vida y la de sus hijos *echando un bote a la mar...*

CUARTA PARTE

—

LA SIBILA DEL RIN

1

Claudia contemplaba la tarde desde el muro. Estaba tan deprimida que ni siquiera reparaba en los autos que desfilaban en pos del habitual botín, recorriendo con lentitud los siete kilómetros de la zona de prostitución más larga y pintoresca del continente. El día anterior había tenido una discusión feísima con Nubia cuando le dijo que Sissi iría a buscarla para ir a comer al Nacional con unos turistas.

—Tú no has pensado en el niño —contestó Nubia mientras la ira enrojecía sus mejillas.

—Es por él que lo hago.

—¡Por él, un tarro! —gritó Nubia—. ¡Te has dejado engatusar por esa puta de Elena!

—Hablas como si no supieras nada de mi vida —le recordó—. Mi expediente debe parecerse al de un agente de la CIA.

—Tienes que seguir buscando trabajo.

—¿Para qué? Lo único que me han ofrecido es un puesto de camarera en una pizzería y otro de cocinera en un comedor obrero. ¿Tú me vas a cuidar el niño mientras trabajo? Y para colmo, las editoriales están a punto de cerrar: en tres meses sólo he podido traducir dos cuentos. ¿Qué más quieres que haga? ¿Inmolarme? No tengo vocación de budista...

Nubia la escuchó sin dejar de mirarla acusadoramente. Al final sólo le dijo:

—Dejaste de salir con un hombre para andar con muchos.

Y a esto Claudia no supo qué contestar. En un mundo coherente, Nubia habría tenido la razón; pero allí las cosas no funcionaban según la lógica habitual. Había que actuar irracionalmente si una quería sobrevivir. Sin embargo, esto lo sabía de manera intuitiva; no era algo que pudiera explicar.

—Haz lo que quieras —le dijo Nubia—, pero déjame aclararte una cosa. No pienso seguirle la corriente a Elena en eso de los nombrecitos de guerra. Conmigo no cuenten para eso de las Moras y las Sissis. Me importa un pito si van con una delegación de las Naciones Unidas: si me ven por la calle, lo mejor que pueden hacer es cruzar para la otra acera. No pienso ser cómplice en ese tipo de negocios.

Ahora quien le preocupaba era Úrsula. Tras casi dos años de ausencia había vuelto a dar señales de vida. Para Claudia había sido descorazonador perderla de nuevo una semana después del reencuentro. Su orden la enviaba a prestar servicios en pueblitos de la zona oriental del país, tan lejanos de la capital como reinos míticos: Palma Soriano, El Caney, Maniabón, Sagua de Tánamo... A saber qué cara pondría su amiga cuando viera al niño.

De su nuevo trabajo, por supuesto, no le diría nada. Capaz que no le hablara más.

Claudia observó el horizonte, sintiendo de nuevo la familiar sensación que compartían quienes contemplaban el crepúsculo desde ese rincón. Aquel largo muro frente al mar había sido lecho de amores, paliativo para la tristeza, consejero en las penas... Especialmente ahora que todos parecían concentrados en el milagro de la supervivencia, en cómo llevar cada tarde un puñado de arroz a la mesa para los niños y los viejos. Ella también buscaba la salida del laberinto, pero lo hacía como quien anda de noche con los ojos cerrados: oscuridad de oscuridades. Ciega para entrever su futuro. Ni ella ni los otros parecían tenerlo. ¿Cómo se puede tener futuro cuando no se tiene un pasado? El pasado era una historia saturada de guerras y esclavos. Y si era cierto ese refrán de que cualquier tiempo pasado fue mejor, ¿qué podía esperar del mañana? Ella no se daba cuenta, pero aquel fatalismo inculcado desde la infancia había minado su espíritu. Era un milagro que hubiera decidido matricular Historia del Arte después de semejante andanada —repetida año tras año en clases— de desgracias y desesperanzas. Y sin embargo, los monumentos dejados por esos hombres que vivieran en un infierno peor que el suyo la atraían misteriosamente...

El sol se acercaba a las aguas. Parecía imposible que su disco amarillento se transformara cada tarde en la silueta de un astro extraterrestre que ella veía hundirse, pedazo a pedazo, hasta desaparecer tragado por el mar. Ahora las sombras cobrarían vida propia y se lanzarían sobre la ciudad y sus habitantes como jinetes de un apocalipsis cotidiano. Pero no se decidió a marchar hasta que vio la penumbra que parecía emanar de la urbe a sus espaldas.

Se levantó y atravesó la explanada que rodea el castillo de La Punta. Distraídamente fue rozando con sus dedos la piedra negruzca que llevaba cuatrocientos años en aquel sitio. Recordaba haber leído, en una de sus lecturas clandestinas, que cierto presidente de la época de los yanquis, casi a principios de siglo, había construido el Malecón y la enorme avenida que lo bordeaba, sustrayéndole también al mar, cerca de la entrada de la bahía, ese tramo de terreno por el que ahora caminaba. Pero aquél era uno de esos tabúes sobre los que era mejor no hablar...

Cuando ya se disponía a cruzar la calle, recordó de pronto por qué estaba allí. ¿Dónde tenía la cabeza? La China de los altos conocía a un bodeguero que vendía leche, pero sólo recibía a los furtivos compradores cuando las tinieblas se convertían en cómplices. Atravesó la avenida, más llena de bicicletas que de otra clase de vehículos, y enfiló hacia Peña Pobre, en dirección a la lomita que originara su nombre; dejó atrás la esquina del Mono, en Aguiar, siguió hasta la calle Habana y finalmente penetró en un callejón.

La oscuridad era casi total. La exigua luz de la solitaria vía provenía de las bombillas que colgaban en el interior de las casuchas. En el instante en que doblaba una esquina, alguien tropezó con ella y la tumbó al suelo. Cuando se levantó, la precaria claridad se había extinguido de manera tan súbita y absoluta que Claudia supuso que su caída había coincidido con un apagón. Extendió las manos y caminó varios pasos. Escuchó el chapoteo de sus pies en el lodo —un lodo inexplicable en aquel pasadizo pavimentado— y sólo se detuvo cuando sus dedos rozaron un muro húmedo que supuso fuera el de alguna casa. Sin embargo, cuando sus pupilas se acostumbraron a la oscuridad, la sorpresa le impidió seguir andando. El muro se extendía interminable a todo lo que abarcaba su vista que, por lo demás, no iba más allá de algunos metros; pero ella conocía de memoria La Habana Vieja y no recordaba haber visto jamás aquella muralla. Anduvo unos pasos y se detuvo otra vez para estudiar el suelo. Fango y yerbas. Por un instante pensó que el golpe había sido peor de lo que sospechara. Seguramente no estaba interpretando bien lo que veía.

A sus espaldas sonó un cañonazo que casi la infartó del susto. La descarga había sonado justo tras ella, como si proviniera del castillo de La Punta y no de La Cabaña, al otro lado de la bahía. ¿Habrían vuelto a instaurar el cañonazo en La Punta, como en los tiempos de la colonia? Apenas formuló tal pensamiento, sintió que su cuerpo se cubría de un sudor helado. Las murallas de La Habana, de las que sólo quedaban fragmentos, habían existido desde finales del siglo XVII hasta mediados del XIX, antes de comenzar a ser destruidas por la mano del hombre. Miró de nuevo el alto muro de piedra que se extendía a lo largo de ese descampado: una mole gigantesca que parecía no tener fin...

«Claudia —pensó—. Déjate de tanta sonsera y mira a ver en qué callejón te has metido.»

Porque, eso sí, la ciudad estaba llena de callejones. Anduvo unos metros, sin dejar de rozar con su mano el muro, como había hecho antes en La Punta. Claro, esta vez lo hacía por necesidad, para no perderse. A su izquierda se extendía un gran espacio de terreno virgen, pedregoso y enlodado, y más allá se adivinaba la silueta de las casas. De vez en cuando advertía una lucecilla fugaz, como un fuego fatuo, que se movía dentro de alguna vivienda; y voces lejanas, gente cantando o pregonando, no podía saberlo con certeza.

Si sus cálculos no la engañaban, debía de estar casi frente a la iglesia del Santo Ángel Custodio, si es que ya no la había pasado; pero el templo seguía sin aparecer. Eso sí, creyó distinguir la silueta de un campanario. Sin embargo, sus contornos no mostraban las conocidas torretas neogóticas que habían sido el sello de su fachada desde mediados del siglo XIX, cuando se la había reconstruido tras el paso de un huracán. Por primera vez, Claudia se preguntó cómo habría sido la arquitectura original del Ángel.

Siguiendo un impulso súbito, se separó del muro para acercarse a la iglesia. Allí debió de estar la esquina a Cuarteles que llevaba a la Loma del Ángel, pero no vio ni una ni otra. En lugar de la calle había una especie de huerta o solar y, al otro lado, en la punta de una colina, un templo desconocido rodeado por un recinto de piedras con almenas. ¡Dios! ¿Dónde estaba metida? Junto a la iglesia se distinguían algunas casas de piedra y muchos solares yermos; aquí y allá varias chozas: nada que pudiera ser *su* Habana. Lo más inquietante era la ausencia de seres vivos; ni siquiera perros o gatos que deambularan por los solares.

Una de las veces se atrevió a abandonar la vía fangosa a lo largo de la muralla para adentrarse por uno de aquellos senderos. De haber estado en su ciudad, aquel tramo habría correspondido a la calle Empedrado. Luego de avanzar unas cuatro o cinco cuadras por ella, se llevó una sorpresa mayúscula. De la sorpresa pasó a la sospecha; y de la sospecha, al terror. Por primera vez desde que se perdiera en aquel laberinto sus pies no chapoteaban en el fango. ¿Era casualidad que aquélla fuese la única calle cubierta por esas piedras redondas de río que en Cuba se llamaban chinas pelonas? Regresó sobre sus pasos. Por el momento la muralla era su único punto de referencia. Si había caído donde imaginaba, sólo esa construcción le serviría de guía. La siguiente calle apenas se adentraba dos cuadras a partir del descampado, pero era bruscamente interrumpida por el alto muro de una construcción. Si la calle anterior hubiera sido Empedrado, ésta debía ser Progreso; pero Progreso corría sin obstáculos hasta convertirse en San Juan de Dios. ¿Por qué estaba cerrada?

Los ecos de unos pasos interrumpieron sus pensamientos. Se pegó contra una pared y vio pasar dos sombras que se le antojaron mujeres enfundadas en hábitos religiosos. Aquella visión se precipitó sobre su memoria como un maremoto. Recordó haber leído que, durante la época de la colonia, había existido un convento cuya destrucción posterior abrió el paso de Progreso hacia San Juan de Dios. Su miedo se convirtió en pánico, pero casi en seguida trató de razonar. Se estaba imaginando quimeras, igual que cuando inventaba películas en su cabeza. Tal vez todo ese misterio tuviera un origen más terrenal. Quizás estuvieran filmando en la zona y por eso habían despejado las calles de gentes. Ella había visto fotos de filmaciones donde las casas se disfrazaban con fachadas de utilería. ¿Y el lodo en las calles? Serían camiones de tierra volcados sobre el pavimento de su época.

Si aquello era una locación de cine, debía terminar en algún sitio. Al recordar que aún no había encontrado la dirección del bodeguero, regresó al descampado cercano a la muralla. Ya debía estar en las inmediaciones de la Plaza Albear, con el monumento al ingeniero que construyera los depósitos de agua y el acueducto, a mediados del siglo pasado: una obra maestra de la época —premiada con la Medalla de Oro en la Exposición de París—, que no había podido ser superada por ningún gobierno posterior a la metrópoli española, pues un siglo después seguía siendo la única vía para conseguir agua en una ciudad que ya rebasaba los dos millones y medio de habitantes...

Tenía la esperanza de que pronto hallaría el final de la locación. La silueta del Centro Asturiano sobresaldría por encima de aquel muro de utilería; también lo haría el edificio mastodóntico de la Manzana de Gómez, levantado por aquel millonario cubano; y estaría la propia plaza. Salió a una explanada, donde se alzaba —dominándolo todo— lo que parecía ser una ermita. A diferencia del tramo anterior, el lugar estaba iluminado con faroles de aceite adosados al muro de diez metros de altura. Claudia buscó el parquecito, pero no vio ni rastros de él; tampoco era posible que hubieran retirado la estatua. Sin embargo, eso no fue lo peor. Casi había olvidado que allí existían construcciones imposibles de camuflar. ¿Dónde estaba El Floridita? Sólo un cantero de verduras crecía en el sitio donde debió de hallarse el bar que Hemingway había hecho famoso. Decidida a averiguar dónde se encontraba, y contraviniendo toda cautela, se acercó a la ermita. A la vacilante luz de los faroles, leyó una inscripción, muy mal escrita, que mencionaba a Nuestra Señora de Monserrate. Sus rodillas empezaron a temblar. Monserrate era el nombre que tomaba la Avenida de las Misiones cuando llegaba a las proximidades de la Plaza Albear.

Hasta ella llegó el chasquido seco de una marcha; pasos sincronizados que respondían a extrañas órdenes de mando. Debió haber huido, pero su estado de shock era superior a su capacidad de reacción. Unos hombres en trajes que se le antojaron napoleónicos pasaron por su lado sin notarla, como si el fantasma hubiera sido ella, y no esa milicia de aspecto dieciochesco o decimonónico, ella nunca supo un rábano de uniformes militares.

Buscó por todas partes trípodes o grúas con cámaras, esperó en vano los reflectores que iluminarían la escena, aguzó el oído para escuchar la voz del director o de sus asistentes. Pero sólo distinguió redobles de tambor y, más allá, perdidos en la noche, cantos lejanos y africanos, murmurados en lengua yoruba: el único detalle familiar en aquel escenario ajeno.

El mareo y las náuseas le hicieron buscar apoyo en la pared de la ermita. Se inclinó para vomitar. Un murmullo continuo y casi ensordecedor le llegó de todas partes. Cuando levantó la vista, casi ahogada por la tos, vio los estantes salpicados de libros de La Moderna Poesía y, en la otra esquina, el letrero lumínico de El Floridita. Estaba junto a un árbol de la Plaza Albear. Lejanamente escuchó el cañonazo de las nueve, ahora en el tono discreto que todas las noches cruzaba la bahía.

Su regreso a un espacio conocido actuó como pantalla protectora. Ya era suficiente saber que estaba a salvo; y fue como si un piadoso filtro comenzara a velar su memoria, haciéndola dudar de su anterior percepción. Ni siquiera se propuso indagar más adelante lo ocurrido. Primero sospechó algún tipo de alucinación provocada por una comida, quizás un virus o fiebre. ¿O se habría intoxicado? Seguro había agarrado una siguatera con aquel pescado que se comió anoche. Era un milagro que estuviera viva después de tantas horas, pero su abuela siempre le decía que el cuerpo era tan sabio que podía paralizar la digestión cuando había algo malo en el estómago. Se había salvado en tablita. ¡Y qué tarde era! Ya no tendría tiempo de volver hasta Peña Pobre a buscar la leche.

Tomó la primera guagua que pasó. Se bajó en la segunda parada y puso proa a la bahía. Ahora se sentía como el capitán Bligh en el *Bounty*, surcando las aguas infectadas de tiburones rumbo a las islas cercanas a Nueva Zelanda. La brisa se escurría entre las callejuelas en dirección al mar y agitaba sus cabellos como si navegara en la popa del barco. Se detuvo un instante, bajo un farol, en espera de que pasara un grupo de bicicletas.

—Claudia.

Ella se volvió, la mirada mansa, sorprendida y casi a punto de sonreír al amigo o conocido. Junto a ella, a la luz del único bombillo sano de la calle, estaba Rubén.

2

La penumbra del zaguán se le antojó más lóbrega que un claustro. En un convento, al menos, los jardines estaban cuidados y la limpieza reinaba en cada habitación; hasta el aire parecía más transparente. Pero en la sordidez de aquel solar la suciedad trepaba por las paredes sin que nadie se inmutara, las cucarachas eran dueñas y señoras, y el tufo que emanaba de los latones de basura colocados a la entrada penetraba hasta el patio lleno de tendederas de ropa, mientras niños y perros correteaban entre las sábanas puestas a secar.

Úrsula atravesó el antiguo paso de carruajes, intentando memorizar cuál era la puerta del apartamento que había visitado dos años atrás. No fue difícil hallarlo. Recordó de inmediato la grieta en la madera despintada, junto al visillo, pero dudó antes de tocar porque creyó escuchar el llanto de un niño en su interior.

—Pasa.

De momento, sólo tuvo ojos para la criatura que descansaba sobre un hombro de Claudia. Hizo un esfuerzo por sobreponerse a su sorpresa, le dio un beso a su amiga y tomó asiento, sintiéndose de algún modo copartícipe de aquella atmósfera.

—Dame eso —le pidió Claudia, librándola del peso de un bolso de plástico que la monja había puesto en su regazo.

—Es muy lindo —susurró Úrsula—. Se parece a ti.

—Puedes hablar alto. Cuando tiene sueño, se duerme de todos modos.

—¿Qué tiempo tiene?

—Un año y medio.

—¿Dónde está el padre?

Claudia fue hasta la cama para depositar al niño. Su encuentro con Rubén, la noche anterior, la había impresionado más que su extraña experiencia alucinatoria.

—Es el artesano, ¿verdad? El que cogieron preso...

Claudia asintió.

—¿Por eso eran los mareos?

—Tienes memoria de elefante.

—¿Por qué no me lo dijiste?

—Porque yo misma me enteré después.

La monja fue hacia la cama y se sentó con cuidado para no despertar a la criatura.

—¿Has sabido de él?

Claudia negó con un gesto. Ni siquiera deseaba mencionar que habían quedado en encontrarse al día siguiente.

—¿Cómo te las arreglas con el trabajo?

Claudia demoró en responder.

—Hago mis traducciones aquí mismo.

El engaño sería un mal menor que contar la verdad. Úrsula empezó a pasearse por la habitación, se detuvo junto al estante de libros y reparó en la pequeña grabadora que servía de apoyo a una hilera de volúmenes.

—¿De dónde la sacaste?

—La compré en la bolsa negra —mintió Claudia.

A la monja se le iluminó el rostro.

—Voy a enseñarte algo.

Revolvió el interior del bolso que estaba sobre la mesa y sacó varios casetes que barajó hasta encontrar lo que buscaba. Claudia le echó un vistazo al título, *Vision: The Music of Hildegard von Binge*, y observó el dibujo de la portada que mostraba una monja de rostro sensual, reclinada sobre un libro abierto, del cual escapaba una luz que le iluminaba el rostro y también unas raras superficies geométricas, casi futuristas, que la monja observaba con una expresión que se le antojó enigmática. Úrsula terminó de rebobinar el casete y una música sobrenatural inundó el cuartucho. Claudia escuchó aquel cántico medieval y el sorprendente telón de fondo de una percusión contemporánea.

—¿No es bello?

—Nunca había oído nada así.

—Me lo envió una monja que nos visitó el año pasado. La música fue compuesta por una abadesa que vivió hace mil años.

—No puede ser. Suena contemporáneo, casi New Age.

—Sólo la percusión es moderna, el resto está cantado como ella lo concibió —y luego susurró, casi temerosa de sonar herética—: Hildegard fue una iluminada. Yo pienso que sus visiones fueron las que le dictaron esa música. Por algo la llamaban la Sibila del Rin. Después que murió, muchas monjas aseguraron haber visto su fantasma por los pasillos de la abadía entonando sus propias canciones.

Absorta en la historia, Claudia fue hasta el refrigerador y sacó dos latas de jugo. Úrsula enmudeció cuando vio lo que había adentro.

—¿No ha vuelto a presentarse? —preguntó la monja.

Claudia notó el cambio en su tono.

—¿Quién?

—Onolorio.

Todavía sin explicarse la inesperada brusquedad de su amiga, sirvió el jugo en dos vasos.

—¿Por qué me lo preguntas?

—Porque él esperaba a que hicieras cierta cosa. —La monja rechazó con un gesto la bebida.

Algo andaba mal. Claudia se sentó frente a ella, tratando de entender qué ocurría.

—Claudia, ¿en qué te has metido?

Los productos de la diplotienda. ¡Qué descuido tan estúpido! ¡Cómo se le había ocurrido abrir el refrigerador con todas las puñeteras latas que había allá adentro! Estaba visto y comprobado que no andaba nada bien. Desde anoche. Desde que le ocurrió aquel mareo. Ya ni se fijaba en lo que hacía. Ahora no valía la pena fingir.

—Tenía que alimentar al niño.

Durante un minuto ninguna habló. Aunque ambas lo ignoraban, la música de Hildegard había levantado una barrera que impedía la llegada de cierta entidad que rondaba por las inmediaciones.

—Me gustaría ayudarte, pero no sé cómo.

—La solución sería encontrar un lugar donde dejar al niño; sólo así podría dedicarme a otra cosa... O por lo menos podría trabajar por el día de camarera o lo que fuese; tener un trabajo normal, por desagradable que fuera.

—Ninguno puede ser peor que éste.

—Pero es el único a mi alcance.

—De todos modos tienes que salir, aunque sea de noche. ¿Con quién dejas al niño?

—Nubia me lo cuida.

—¿Nubia? —pareció ensimismarse en sus recuerdos—. Hace años que no la veo.

—Se ha vuelto mi niñera.

—¿Qué dice de tu... oficio?

—Tampoco lo aprueba, pero sabe que no tengo otra opción.

—¿No te molesta lo que haces?

—Si pudiera, me metería en un convento con tal de no hacerlo.

Úrsula se quedó mirando las losetas del suelo mientras por su mente pasaban cien alternativas distintas. Incluso llegó a albergar la esperanza de que Claudia pudiera desarrollar una vocación religiosa, pero en seguida descartó aquella fantasía. Miró su reloj.

—Tengo que irme —se puso de pie—. La hermana María debe haber terminado su visita.

Claudia fue hasta la grabadora.

—Quédate con el casete —la atajó Úrsula—; te lo regalo. El original lo tiene el padre Juan... Si vieras qué alboroto hay en el seminario. Todos quieren grabarlo.

Claudia recordó vagamente la figura del religioso, un joven de rostro angelical de quien ambas habían estado enamoradas cuando eran escolares.

—¿Todavía lo persigues?

—¡Claudia! ¿Cómo se te ocurre?

Antes de abrir la puerta, la amonestó:

—El folleto sí me lo devuelves, que no tengo copias. No vayas a hacer como en la secundaria, que cada vez que te prestaba algo me costaba Dios y ayuda que lo devolvieras.

—Úrsula...

La monja se detuvo, ya en el pasillo.

—Me alegro de que hayas venido —titubeó como si buscara la frase adecuada—. Tú espantas las malas vibraciones.

Úrsula miró hacia la cama donde dormía el infante y luego a los ojos de su amiga.

—*Dominus vobiscum* —susurró; y dando media vuelta, atravesó el patio y se sumergió en la penumbra del zaguán.

3

Yo no quería verlo, entre otras cosas porque esperaba
que me comiera a preguntas. ¿Y qué le diría? ¿Que había
sobrevivido a base de acostarme con turistas? ¿Que tuve
que alimentar a su hijo con el sudor de mis nalgas porque Dios confundió esta isla con las antípodas y aquí
todo sucede al revés que en el resto del mundo? Otra
opción era armarme de valor, tocar a su puerta y fingir
que aquí no ha pasado nada. Borrón y cuenta nueva...
Me pasé la noche dando vueltas. En el fondo sospechaba
que al final le haría más caso a mis ovarios que a mi
cabeza porque últimamente mis hormonas han estado
demasiado descompensadas. Me pasé toda la mañana
pensando en las musarañas y en que no se puede recuperar la virginidad después de perder el himen. Cambié
de idea mil veces. Sólo faltaban quince minutos para la
hora acordada y yo seguía como Hamlet: *to be or not to be.*
¡Qué jodientina! Lo cierto es que me moría de miedo.
Desde que lo vi en aquella esquina, por poco me infarto.
No me soltó hasta que le juré que iría a su casa. Por
supuesto, nunca pensé en cumplir mi promesa... hasta
hoy. Lo imaginaba en su cuartico, rodeado por sus catá-
logos de orfebrería celta y atormentado por la gritería
del chino que trae las verduras, o quizás tratando de descifrar el diseño de una sandalia romana en medio de la
bronca de las mujeres que se fajan por cualquier pro-

blema entre sus hijos. Ya estaba decidida a no acudir cuando miré el reloj y me entró un ataque de pánico. Agarré a David y se lo dejé a Mirna, en medio de los ocho berreantes *aliens* que tiene por hijos. En mi carrera volqué cubos de agua y me gritaron hasta botija verde, pero al final subí las escaleras del solar. Estaba tan sofocada que decidí esperar cinco minutos delante de su puerta para recuperarme. Total, si ya se había ido, no abriría cuando yo tocara; y si aún estaba allí, no podría marcharse sin que lo viera. Además, era mejor llegar un poquito tarde, como al descuido, con mirada de Greta Garbo, haciéndose la que a una no le importa mucho.

Se veía más flaco a la luz del día que bajo aquel bombillo de la calle Sol. Estaba flaco, pero igual de hermoso y con la sonrisa más triste. Había preparado almuerzo: arroz, picadillo de pescado y ensalada de tomates; unos tomates gigantescos que parecían mutaciones. «Son de exportación —me dijo—. Los compré en la diplo.» Seguía siendo el mismo, atento a las cosas prácticas —una cualidad que nunca tendré—. Supe que había regresado a lo único que él conocía, aparte de dar clases: diseñar y construir utensilios de cuero. Cinturones, carteras, sandalias, incluso joyas. Me regaló un collar que había armado con tiras enrolladas de piel dispuestas como perlas. Era un adorno precioso, primitivo, con esa belleza única que tienen las cosas hechas a mano. «Me alegro de que hayas vuelto», susurró, y me dio un beso en el hombro. Pero uno nunca regresa del todo. Ni en el amor.

Hablamos más de dos horas. Estuve a punto de contarle sobre el niño, pero siempre me decía «dentro de un ratico»; y miraba por el balcón y me iba poniendo metas: «Cuando la sombra del edificio caiga sobre aquella manchita, se lo diré.» Y llegaba la sombra a la manchita y pensaba: «Cuando el reflejo del sol se vaya de esa lata, voy a decirle que su hijo se llama David, en honor a la estatua de Miguel Ángel.» Y así estuve todo el puto tiempo hasta que me preguntó: «¿Qué has estado haciendo?» Debió darse cuenta de que me pasaba algo. Apenas me levanté, me agarró por un brazo. A lo mejor me puso una brujería en la bebida porque yo estaba segura de querer irme, pero seguía clavada en el suelo, sin poder moverme, casi muerta de las ganas y del susto.

No puedo recordar cómo subí a la barbacoa, ni cómo llegué a su cama. Sólo me acuerdo de sus manos con ese perenne olor a hogar confortable y seguro; de su lengua, yendo de mi cuello al surco más lejano; de la amorosa bestia con su ojo enrojecido como un clavel inglés: carne suave para ser apresada entre los labios —los mayores y los menores—, para ser rozada con los dientes en peligroso amago de decapitación y en seguida amasada con un beso, mitad sorbo y mitad mordida. Maná de los pueblos hambrientos. Leche que te quiero leche. Frescor para mi vagina en ruinas. Cuán ansiosa de orgasmos está el alma mutilada...

Tiemblo como puta en cuaresma. Abro las piernas. Me mojo. Átame a estos barrotes, no me dejes escapar. Mi cuerpo se vuelve piraña, se vuelve vampiro, se vuelve fiera, devora todo y lo quiere todo. El éxtasis religioso es hermano del éxtasis carnal, y a veces los dos se confunden. Lame mi manzana, húndete en mi Edén. Clava tu cruz en mi monte, déjame chupar tu paraíso... Los ángeles tienen sexo. ¿Cómo no amar a Dios?

4

Mea culpa, mea culpa. Debió haberle hablado de David. Pero entonces hubiera querido ir al cuartico, y allí estaban su televisor en colores, los productos de la diplotienda y hasta la ropa del niño: lo habría descubierto todo. Sería mejor no verlo más. Ahora se alegraba de su retirada furtiva mientras él se aseaba en uno de los baños comunales. A esa hora decidió pasar por casa del bodeguero para buscar la leche, y compró dos litros que ocultó en una bolsa. Estuvo a punto de ir a Monserrate, pero temió que Rubén volviera a esperarla en la esquina de Sol. Pensó coger la guagua en el Muelle de Caballería, y de inmediato se dio cuenta de que era un lugar demasiado obvio. Prefirió adentrarse en las callejas malolientes.

Mientras andaba, hizo planes. Se daría una ducha (es decir, se bañaría echándose jarritos de agua) y luego se acostaría a escuchar a Hildegard: un rato de meditación trascendental antes de irse a putear. Porque ella era una puta mística. Lo de puta era por necesidad; lo de mística, por vocación. También ella tenía visiones, como la monja, y percibía entidades que nadie más veía. Se había convertido en una nueva Sibila del Rin.

Aquellos cantos eran un hecho sobrenatural. En un principio, Claudia no supo de dónde provenía esa sensación de levedad absoluta que se apoderaba incluso de sus ovarios apenas encendía la grabadora. Escuchaba los toques afrocubanos que secundaban el *O Frondens Virga*, y los cueros con sabor a guaguancó que matizaban el latín del *Hodie Aperuit;* y en seguida objetos y criaturas — incluso ella misma— comenzaban a adquirir un aura insólita, azul y oro, como si su vista ampliara su rango de percepción y fuera capaz de distinguir partículas de energía o estados anímicos, invisibles para el ojo humano común. Era como observar el mundo con la mirada de un ángel. Más tarde intuyó la causa del prodigio: los tambores, al copular con los cantos virginales, provocaban una distorsión espacial y temporal, una alteración de las leyes físicas, un hueco negro donde las almas de los muertos valsaban enloquecidas su conga mística. Dios podía estar satisfecho: nunca tuvo lo divino mejor intermediario para llegar al espíritu que se aferra a la carne. Y había tenido que ser una monja quien la acercara nuevamente a lo divino con aquellos cantos y aquella liturgia.

Una bicicleta estuvo a punto de atropellarla. No debía pensar más en Hildegard ni en su música mientras deambulaba por las calles. Su embrujo era tan grande que el mero hecho de evocarla la sustraía del entorno.

Aún quedaban dos horas antes de que Sissi pasara a recogerla, pero ya la noche del trópico se le venía encima. Las siluetas se transformaban en sombras y hasta los edificios tomaban una apariencia indefinida. Recordó a Hildegard y concluyó que su influjo persistía.

Bordeó los fosos del castillo de la Real Fuerza y pasó junto al Templete... ¿El Templete? Sin duda la oscuridad producía efectos sorprendentes. ¿Por qué no podía ver el enorme monumento y, en cambio, distinguía perfectamente la columna que sostenía a la Virgen? Detrás de ella debió estar ese remedo de templo grecorromano; pero, por alguna razón, sólo alcanzaba a ver un vacío. Junto a la tapia que rodeaba el pilar, se agrupaban varias casuchas de madera y barro... ¡Ay, no! No podía estarle ocurriendo de nuevo. La Plaza de Armas se había convertido en un solar baldío donde la yerba crecía en pequeños cuadrados. Un murito de apenas un pie de alto, que rodeaba el terreno de la futura plaza, servía de asiento a algunos transeúntes. Cada cierto trecho, el murito se interrumpía en aberturas para permitir el paso hacia y desde la plazoleta. También había desaparecido el Palacio del Segundo Cabo. En su lugar se alzaba un edificio perfectamente repellado, con sus marcos, guarniciones y pilastras, pintados de un blanco brillante. Una iglesia a punto de desplomarse —o en proceso de demolición— ocupaba el sitio donde debió de estar el actual Museo de la Ciudad, otrora Palacio de los Capitanes Generales.

Claudia se dirigió al centro de la plaza para observar mejor al intruso que había desplazado al Instituto del Libro. Había algo familiar en él. Estudiando sus contornos comprendió que *era* el Palacio del Segundo Cabo, sólo que su aspecto había cambiado ostensiblemente por las capas de repello y pintura que cubrían su fachada. Parecía recién hecho.

Desde la esquina le llegó el ruido de un trote. El quitrín se deslizó como una grácil embarcación sobre la tierra húmeda, tirado por un caballo que era cabalgado por un negro imponente de casaca oscura, pantalón blanco, sombrero de copa y botines charolados. Dentro del carruaje, entre sus dos gigantescas ruedas, tres muchachas regordetas agitaban sus abanicos y parloteaban sin cesar, al parecer dando órdenes al calesero.

—Qué bueno vinite otra vé, niña.

Conocía esa voz: Muba. Pero la negra tenía otro aspecto; se veía más joven.

—Muba, ¿qué me está pasando?

—Ná, niña. Ta viendo mi mundo.

Por supuesto, era lo mismo que ya le había sucedido la otra noche. Ahora estaba segura de haber visto las murallas de La Habana cuando aún estaban en perfectas condiciones.

—Muba, esto no me gusta. ¿Eres tú quien me hace esto?

—Claro qui no, mi niña. ¿Cómo te se curre?

—Tengo que regresar. Mi hijo está... en el otro sitio.

—Tranquila, niña. Tú no van quedá quí. Ya vito eto má vooo. La gente vuelve pa'tá

—¿Le ha pasado a otros? ¿A quiénes? ¿Por qué?

La negra se encogió de hombros y arrugó la boca con un gesto patéticamente cómico.

—L'orisha sabe. Yo non sé, na má que gente viene y gente va.

—¿Como en el triángulo de las Bermudas?

—¿Lo qué?

—Nada, Muba, nada... ¿Qué hago? ¿Cómo regreso?

—No pricupe, niña. Ya luego ti va.

Claudia tenía miedo, pero al mismo tiempo respiraba con emocionado placer el aire límpido, el aroma a dulce de coco y a zumo de piña —olores que apenas recordaba ya—, y descubría una belleza salvaje e impoluta en aquel trozo de ciudad a medio construir. También se fijó en los escasos paseantes que se movían por la explanada. Todos —negros, blancos o mulatos, vestidos con ropas humildes o lujosas, a caballo o en calesa— se movían con aire desenvuelto y despreocupado. Trató de descubrir, a la escasa luz de los faroles de gas, algún rasgo de sigilo o cautela; y no lo logró. Eso la dejó más pasmada aún. En aquella marea de ademanes desfachatados no descubrió irritación, angustia o miedo: los tres sentimientos que más abundaban en La Habana que ella conocía. Era evidente que el ánimo de la colonia era otro.

El estampido del cañonazo borró de golpe la visión. La estatua de Carlos Manuel de Céspedes, el Padre de la Patria, volvió a ocupar su sitio habitual, para sumirse en la contemplación de las líneas neoclásicas del Templete. Claudia buscó a Muba, pero la negra había desaparecido junto con el resto de su época. Una llovizna súbita empezó a derramarse sobre la ciudad, haciendo que los transeúntes corrieran a guarecerse en los soportales de las antiguas mansiones y borrando poco a poco las huellas de fango que un carruaje insólito dejara sobre los adoquines de la plaza.

5

La fila de personas que aguardaba era enorme. Aunque lo más impresionante era el tráfico paralizado por la molotera que desbordaba la acera hasta el centro de la avenida. La policía estaba atónita y los conductores histéricos. ¿Tanta cola por una película rusa que, para colmo, se llamaba *Arrepentimiento*? Decididamente la gente se había vuelto masoquista. Sin embargo, no todos pensaban igual. La Seguridad, alertada por los rumores, había movilizado a las fuerzas del orden que, sin entender nada, trataban de contener a la multitud. El programa anunciaba una sola tanda, pero era evidente que no todos los que aguardaban allí cabrían en la sala.

Nubia y Claudia, con el niño a cuestas, tuvieron que esperar dos horas para que la Cinemateca abriera, y otra más de empujones y sofocos para entrar. Lograron colarse en el último momento, cuando ya la multitud amenazaba con derrumbar los cristales. A través de ellos pudieron oír los gritos que anunciaban una función especial a la medianoche para quienes se habían quedado afuera. Dentro del cine había gente sentada en los pasillos y de pie en la parte de atrás. Ellas se sentaron en el suelo.

—Estos rusos están volaos —fue el comentario de alguien cuando el cadáver del dictador ya enterrado apareció por segunda vez fuera de su tumba; porque aquel cadáver no tendría paz en toda la película. Y el misterio de sus reiteradas apariciones, pese a tanta vigilancia, también iría desenterrando la madeja de crímenes que había cometido en medio de una vida pública llena de sonrisas, de niños regalándole flores, y de discursos indignados ante las injusticias de este mundo... algo que sonaba demasiado familiar para Claudia, Nubia y el resto de los espectadores en la sala; algo que evidentemente también querían ver quienes siguieron interrumpiendo el tráfico hasta la medianoche, cuando las puertas volvieron a abrirse para dejar salir a unos y entrar a otros, mientras la frase final seguía latiendo en la memoria colectiva: *¿De qué sirve un camino si no conduce al templo?* Ovación cerrada tras aquel versículo de la perestroika.

A Claudia se le antojó que la imagen de la iglesia, como vehículo de transición hacia el futuro, descubría una clave importante de su presente. Iglesia... Templo... Templete... Para tener fe en el futuro, uno necesitaba de su pasado; pero su pasado le había sido escamoteado, reprimido y alterado. Empezó a intuirlo tras aquella visión en la Plaza de Armas; lo supo con certeza dos días antes de la función de cine.

Esa tarde había salido al patio del solar y sintió una mirada que la espiaba desde la penumbra de la escalera. Tranquilamente terminó de tender sus sábanas, sin que Muba se moviera o hablara. Cuando acabó, dejó el cubo detrás de unas macetas y salió a la calle tras el fantasma de la vieja esclava.

Recorrieron calles, plazuelas, puentecitos y solares de una Habana distinta y llena de vida, sin que ninguno de sus habitantes pareciera notar su presencia. Claudia pudo escuchar diálogos y pregones, enterarse de chismes, de rumores, de crímenes pasionales. Reconoció la Plaza de la Catedral, que en ese instante no era plaza ni ostentaba catedral alguna: sólo las paredes a medio alzar de la iglesia de los jesuitas, que jamás llegaría a serlo porque éstos serían expulsados de territorio español antes de que la obra concluyera. Pero ya Claudia podía entrever, con su mirada futura, la armazón de lo que luego sería la Parroquial Mayor y, más tarde, la Catedral... aunque para eso faltaba bastante. Ahora el terreno era sólo la Plazuela de la Ciénaga, debido al agua que penetraba a raudales desde el sur y el oeste (a través de zanjas formadas por las futuras San Ignacio y Empedrado) que, según le explicó Muba en su roto castellano, provenían de los «ejidos» o terrenos baldíos cercanos a la muralla. Siempre era así en época de lluvia. Tan terrible era el problema que la torre izquierda de la iglesia sería más delgada que la derecha para evitar obstruir aún más el paso de los aluviones fluviales que arrasaban la zona. Aquel fenómeno natural causaría la asimetría arquitectónica que intrigaría a muchos en una época en que el recuerdo de tales inundaciones ya habría desaparecido. Claudia revivió las innumerables discusiones acerca de aquel inexplicable «defecto» en lo que, de otro modo, hubiera sido una obra de cuidadoso equilibrio. Y sin embargo, se dijo, esa imperfección era uno de los atributos que hacían de la catedral habanera una curiosidad única. Sin la asimetría de su fachada, el histórico monumento no tendría el mismo encanto. Sería como la torre de Pisa sin su inclinación o Venecia sin la constante amenaza de hundimiento. Eran tales «imperfecciones» las que convertían esos lugares en reliquias irrepetibles.

Claudia rememoró las explicaciones de la negra y sus propias conclusiones mientras trataba de acomodar al niño dormido sobre sus hombros.

—Déjame llevarlo —le dijo Nubia.

El niño cambió de brazos.

—No has dicho ni pío —le reclamó su amiga—, excepto que la película te pareció genial. ¿Te pasa algo?

—No sabía si contarte una cosa.

—Por ese tono supongo que ya lo habrás decidido.

Y Claudia empezó a hablarle de sus visiones, de su paseo a lo largo de las murallas, de aquella Plaza de Armas tan primitiva que ni siquiera tenía Templete, y de una Plaza de la Catedral anegada en agua donde aún no existía la catedral. Dejaron atrás toda una cuadra antes de que Nubia le diera su veredicto.

—Estás sugestionada.

—¿Con qué?

—Con esa monja, la de las visiones. Debes de haber creído que tú también puedes tenerlas.

—Pero, Nubia, tú *sabes* que yo tengo visiones. Desde niña.

—No es lo mismo ver entidades que pasear por una ciudad que ya no existe... ¿A que ni siquiera has intentado averiguar si la Plaza se inundaba o si el Palacio del Segundo Cabo tuvo alguna vez repello? Te apuesto a que son fantasías.

—Son visiones. Y hasta ahora ninguna me ha fallado.

—Ya te diré si son verdad o no cuando hable con una amiga que trabaja en la Biblioteca Nacional.

—Averigua lo que quieras, pero no era de la catedral que quería hablarte... ¿Sabes que Muba tuvo hijos?

—¿Y qué hay con eso?

—Los tuvo con un blanco, un catalán que vino a la isla a buscar fortuna.

—No veo nada extraordinario en esa historia.

—Pues yo sí, porque resulta que este hombre reconoció a sus hijos mulatos y los bautizó como Francisco y Juan Bautista. Luego compró la libertad de Muba y vivió con ella hasta que murió.

Nubia se detuvo.

—¿Ves? —le dijo—. Has estado imaginando cuentos de hadas.

Pero Claudia pareció no escucharla.

—Juan Bautista, el hijo menor, era aprendiz de un maestro artesano. Hasta me acuerdo del nombre: Julio Gamarra. En el taller había mulatos libres, como Juan Bautista, y también esclavos que aprendían un oficio.

—Claudia, por Dios. ¡Esclavos con un oficio! No hables sandeces. Los esclavos se morían por montones, de hambre y de trabajo. ¿Cómo iban sus amos a enviarlos a una escuelita de arte?

—No los enviaban por caridad cristiana. Sacaban un provecho: el dinero que el esclavo les entregaba...

—¿Y se puede saber de dónde sacaban ese dinero?

—Del que ganaban con su oficio.

—¿Esclavos con dinero? Pero m'hijita, ¿en qué escuela tú estudiaste?

—Eso es lo que me preocupa, Nubia. Lo que vi es distinto a todo lo que nos han enseñado. ¿Sabías que los esclavos aprendices recibían un salario, y que ellos le entregaban una parte al amo y se guardaban el resto para comprar su libertad?

—¿Dónde la consigues?

—¿El qué?

—La yerba. Debe ser de primera.

—Nubia...

—Ya sé, eres santa Claudia: ni fumas, ni hueles. Pero las novelas te encienden el cerebro como si fuera ácido del bueno.

—¡Es que nunca leí nada parecido! Y no tengo tanta imaginación para inventarlo.

—Eso crees tú —murmuró Nubia, entregándole el niño frente al zaguán del solar que, cien años antes, fuera la mansión de un ilustre marqués.

6

Asere, la verdad es que ando salao. Estoy pensando seriamente en darme una vueltecita por Guanabacoa a ver si me hago un despojo. ¿Me puedes recomendar un buen santero? Porque lo mío ya pasa de castaño oscuro. ¿Te acuerdas la noche en que salimos de aquel bar, cerca de Egido? Tenía tanta nota que me dije: Voy a caminar un poco a ver si me refresco la mollera. Y agarré por Egido pa'bajo, rumbo a la bahía. Pero ¿qué crees que veo cuando no había caminado ni media cuadra?... Claudia. Se bajó de una guagua que paró en la acera de enfrente. Ella ni me vio. Andaba como sonámbula. Cruzó la calle y le caí atrás; pero yo tenía tal ataque de pendejitis aguda que no me atrevía a llamarla. Nada más pensaba: ¿Será ella de verdad? ¿O no será? ¿Será o no será? El caso es que llegó a una esquina y se quedó un momentico parada. Ahí mismo me llené de valor y la alcancé. Si le hubieras visto la cara. Se asustó más que yo. Para no hacerte largo el cuento, quedamos en vernos a los dos días. Y preparé un plan. Nada de templadera, me juré. Tenemos que hablar como dos personas civilizadas, enterarme dónde vive y qué hace; no puedo dejar que se me pierda otra vez. ¿Y qué crees que pasó? Todo lo contrario: templamos, se fue y desde entonces no la he vuelto a ver. ¿Cómo iba a imaginarme que una tipa que he dejado en la cama va a irse mientras me echo un poco de agua?... Voy a montar una guardia permanente en el barrio, pero ¿y si estaba allí por otra razón y no porque viviera cerca? ¡Es para volverse loco! Y eso que yo lo cojo con calma, con filosofía confuciana, haciendo *ooommm* como los hindúes, pero igual me encabrono porque no tengo sangre asiática. Mi calma es una calma por fuera; por dentro estoy cagándome en la hora en que nací, pero hago como que todo sigue igual: me levanto por la mañana, me tomo un buchito de café, voy hasta el almacén a buscar los cueros... Por cierto, ¿te conté que ahora tenía que comprarle los materiales al estado? Un seguroso me advirtió que anduviera con pies de plomo porque me tenía en la mirilla. Decidí portarme bien, pero éste es el país de las tentaciones. Resulta que el mismo tipo que entrega los materiales y lleva la cuenta de lo que me toca, me propuso venderme algunos más a sobreprecio. Me los enseñó, compadre. ¡Piel de primera! Además, el socio tiene un contacto con un extranjero billetudo que compra la mercancía directamente a los artesanos porque dice que el estado se la vende muy cara. Mañana mismo tengo que verlo en el Nacional... Por supuesto que ya comprobé que no es una encerrona. ¿Tú te piensas que soy mongo? Cuatro socitos que conozco están haciendo lo mismo desde hace meses. ¡Tonga de gente está en lo mismo! Por eso este país nunca va a funcionar. Te juro que he estado pensando en largarme. Ayer se lo comenté a Chicho, el hermano de Pancho, el que se mudó para Malecón y 90... Compadre, ¿cómo me vas a decir que esa dirección no existe, si allí vive la mitad de este país? Te paras frente al Malecón y caminas 90 millas pa'l norte... ¿Ya te acuerdas de qué Pancho te hablo? Pues el hermano me contó que la embajada de Canadá estaba dando visas para los que quisieran trabajar en Australia como mineros. Se enteró por un chofer de la misma embajada... Según él, porque Australia es muy grande y no tiene mano de obra. A mí me suena un poco raro, la verdad. Demasiado bueno para ser cierto. ¿A ti no? Pues yo voy a esperar a ver qué pasa. A lo mejor es una trampa, como aquellas asambleas que inventaron en los centros de trabajo donde le decían a uno que podía decirlo todo, que el gobierno quería acabar de resolver los problemas y que necesitaba saber lo que pensaban los trabajadores; y los infelices que se lo creyeron se quedaron sin trabajo. A lo mejor hasta ponen cámaras para ver quién entra y sale de la embajada, y ahí mismo te embarcaste. Sí, ya sé que tú sólo eres ayudante de carnicero, pero hasta le pueden prohibir a Toño que te contrate... ¡No seas loco, Gilber! Espera hasta el martes... Bueno, allá tú, mi hermano. Yo voy a esperar. Como dice el refrán, cada cual sabe su historia. Y cada cubano es una novela diferente.

7

Por supuesto, era un disparate. Pero todo en su país lo era. ¿A quién se le habría ocurrido trasladar los carnavales para julio? Desde que surgieron, haría ya sus dos o tres siglos, los negros salían a las calles el Día de Reyes, el 6 de enero, cuando el clima de la isla pasa por su período más amable; y también lo hacían el 2 de febrero, día de la Virgen de la Candelaria, no porque fueran católicos devotos, sino porque al ver las procesiones de candelas con que la Iglesia celebraba la purificación de la santa, suponían que sus amos adoraban con otro nombre a su orisha Oyá, la deidad africana que reina sobre la centella. Claudia sospechaba que debido a una mezcla de ambos festejos los carnavales terminaron celebrándose a mediados de febrero... hasta que, como clamara aquella guaracha, «llegó el comandante y mandó a parar». Siguiendo el sistemático esfuerzo por borrar todo rastro del pasado, se decretó el traslado de los carnavales habaneros a julio, cuando la canícula es capaz de derretir la atmósfera. El pretexto había sido conmemorar el fallido ataque a un cuartel militar, ocurrido ese mes hacía más de cuarenta años, donde murieron un montón de tipos ingenuos, menos los que ahora gobernaban el país. Típico de ellos, pensó Claudia, celebrar unas muertes con un carnaval. Magia negra de la peor, para seguir enfangando el karma de la isla.

Mientras se apresuraba hacia su casa, al final de una noche de trabajo, Claudia pensaba también en lo imbéciles que eran las comparsas en salir a arrollar por las calles con 34 grados de temperatura, cuando hubieran podido hacerlo con doce o quince grados menos.

Dos horas antes, desde un balcón del hotel Nacional, ella, Sissi y dos alemanes habían observado el paso de las carrozas. Tal vez su memoria le fallara, pero hubiera jurado que en la época en que su padre la sentaba a horcajadas sobre sus hombros los desfiles eran mucho más coloridos. Ahora se le antojaban unas pobres caravanas sin disfraces, apenas sin luces y ni siquiera una reina que saludara desde lo alto de una carroza, lanzando serpentinas a su paso. Como otras tantas cosas, la existencia de una reina del carnaval terminó siendo prohibida por motivos que al pueblo se le antojaron incomprensiblemente esotéricos.

Luego de ver pasar seis o siete carrozas, cuyos flacos bailarines se balanceaban con peligro de sus vidas en las débiles plataformas, Claudia confesó que estaba aburrida. Los alemanes, que al parecer también lo estaban, se separaron sin reparos del balcón y propusieron bajar a tomar unas copas. Así lo hicieron y, después de unos cuantos mojitos y daiquiríes, Claudia anunció que se iba; pero le aseguró a Franz, su pareja, que lo vería la tarde siguiente. El alemán era un tipo simpático, contrario al concepto que muchos tenían de los alemanes, y mucho más considerado y caballeroso que unos cuantos latinos con los que ya había salido.

—Ciudadana.

Prefirió pensar que no era con ella.

—Ciudadana.

Mal presagio. Quien no era llamado «compañero» o «compañera», era sólo un apátrida, un traidor, un gusano.

—Ciudadana, no. ¡Compañera! —dijo ella, tratando de parecer ofendida.

—Enséñeme su carné.

Ella le entregó su documento de identidad, sin el cual ningún cubano se atrevía a salir a la calle. Olvidarlo en casa podía significar un calabozo.

—¿Qué hace aquí?

—Vine a ver a unos amigos.

—Acompáñeme.

—¿Adónde?

—A la estación de policía.

Ni muerta. Armaría un escándalo para que todos los extranjeros que paseaban por el lobby se enteraran y los segurosos no se atrevieran a llevársela. Sissi le había contado que a la pobre Tamy la habían llevado presa la semana pasada, y que dos policías la habían violado en la estación. ¿Y a quién le puede reclamar justicia una jinetera? La pobre sólo pudo salir después que vino su «agente» y le pagó no sé cuántos dólares a los tipos.

—Usted está equivocado conmigo, compañero.

—Me haces el cuento cuando lleguemos.

—¡Yo no voy a ningún lado!

—¿Qué pasa?

Ambos se volvieron al escuchar la pregunta con acento extranjero. Junto a ellos estaba Franz.

—Me quieren llevar a la estación.

—¿Lestesión?

—A la policía.

—Esta seniorita está conmigo. Estudiamos juntos la Niversidad Labana.

—Ah, bueno. —El oficial tenía cara de no tragarse el cuento, pero no pudo hacer nada.

Había sido una suerte que Franz bajara para alcanzarle el monedero que había olvidado en la habitación.

—¿Cómo se te ocurrió eso de la universidad? —le preguntó con admiración, cuando él quiso acompañarla a tomar un taxi.

—Ya me pasó el annio atrás, con otra amiga. Me cordé lo que ella dijo.

—Gracias por traerme el monedero —se despidió con un beso—. Nos vemos.

Y se montó en el taxi, mientras él deslizaba en su mano un billete de veinte dólares. A las cinco cuadras, tras asegurarse de que nadie la seguía, le ordenó al chofer que parara y se bajó cerca de La Rampa. Con eso se ahorraría un dinero que podría emplear en algo mejor que un turistaxi a las dos de la mañana. La guagua la llevó por una ruta medio errática, como era usual en época de carnavales debido a la cantidad de calles y avenidas cerradas. Finalmente el vehículo enfiló hacia el Muelle de Luz.

Claudia quedó atónita ante el bullicio que la aguardaba en la Plaza de San Francisco. A duras penas pudo cruzar la marea de gente que se movía por la avenida sumida en una oscuridad anómala. Había disfraces por doquier, como si se hubiera levantado la disposición que los prohibía; y fue la presencia de esos disfraces lo que puso sus sentidos en alerta, más bien en estado de alarma de bombardeo atómico, porque cualquier cosa podía ocurrir menos que el gobierno dejara de temer a los atentados políticos: razón principal por la cual todo baile de máscaras público había quedado proscrito.

Observó las filas de comparseros que se deslizaban en uno y otro sentido, los «diablitos» africanos que realizaban sus escaramuzas rodeados por un corro de negros semidesnudos, de negras con faldas volátiles como el helio, de mestizos que saltaban como vapores quemantes, y de mulatas que mostraban los pechos en la sandunga de sus escotes temblorosos mientras danzaban sobre el lodo como vestales enloquecidas por los sahumerios del tabaco. Sólo entonces Claudia reparó en la cúpula que se alzaba en la parte posterior de la iglesia de San Francisco... Sin embargo, el movimiento de la multitud le impidió colocarse en un ángulo más propicio para observar aquel domo que se erguía donde sólo debió haber un vacío en ruinas.

Trató de regresar sobre sus pasos y cruzar la calle en dirección al Muelle de Luz, pero ahora el mar lamía los cimientos de la iglesia que un momento antes había estado separada de la bahía por una enorme avenida.

La cúpula. Eso era todo lo que ella atinaba a mirar una y otra vez; aquella bóveda imposible que se alzaba en el mismo sitio donde la nave debió terminar abruptamente. Tampoco logró avizorar la fuente con los leones, colocada en medio de la plaza... Aunque realmente ya no importaba; le había ocurrido de nuevo.

Se limitó a dejarse arrastrar por la multitud, para husmear en unos festejos de los que sólo conocía un triste remedo. Estaba mucho más tranquila que las veces anteriores, segura de que regresaría. Muba se lo había dicho, y así había sucedido. ¿Y cuándo la había engañado su madrina negra?

La fascinó, sobre todo, la orgía de los tambores; un ritmo mucho más apegado a África, o quizás menos influido por otros que se inventaron después. Pero ya sonaba allí el germen de su música; más que el germen, el corazón mismo, el alma naciente de lo cubano. Y a pesar del frescor de aquella noche de enero —porque ya no dudó que revivía un Día de Reyes del siglo añorado por Carpentier—, sintió que el espíritu de la bacanal despertaba en ella; vio las parejas que se escabullían hacia la parte posterior de la iglesia, cerca de las olas que lamían los pilotes, y se recostaban contra el muro del recinto sagrado para transpirar y gritar con otras cadencias.

Así había sido siempre, pensó Claudia. Hambre de lujuria y hambre de sexo: era la marca de esa ciudad mágica y condenada. Así había nacido y así había continuado, en medio de sus múltiples reencarnaciones sociales. Porque su ciudad era como un fénix: pese a tanta ceniza, pese a los desastres, siempre terminaba por resurgir. Es imposible apagar una hoguera con otra, y ése era el elemento que componía la sangre de sus habitantes: una pasión que jamás se extingue. Vehemencia. Fuego. Hervor de los falos ardorosos y de las vulvas inflamadas... Esa noche se celebraba una Walpurgis tropical y los demonios danzaban por doquier: los esclavos con sus trajes de yute y sus endiabladas capuchas cónicas encendían aún más a la muchedumbre con su baile de San Vito. Los negros y los mulatos libres con sus trajes de mendigo y de señor, de militar y de noble, con máscaras de plumas y lentejuelas, parodiaban sin saberlo los lejanos carnavales de una ciudad europea que, como la suya, estaba indisolublemente conectada al agua, pero que ya entonces comenzaba a hundirse, a diferencia de La Habana, que recién emergía como una Venus del mar, cual si la entropía universal exigiera que para dar paso a un milagro, otro debía desaparecer.

Alguien le tendió una botella de barro. Una especie de aguardiente, con un dejo a maíz y canela... o eso le pareció a Claudia mientras bebía, abandonado ya todo escrúpulo. Se sentía más segura que en su época. «Total —pensó—, aquí no existe ni el sida.» Y como si hubiera adivinado esos pensamientos, su enmascarado servidor cargó con ella, pese a sus protestas, hasta llegar junto al muro de la iglesia, donde el mar humedecía los pies. Sin decir palabra alguna, le alzó la falda y la penetró allí mismo junto a otras parejas que se entregaban hombro con hombro al mismo juego de posesiones. Ella no opuso resistencia. «Lo único que puedo coger es una gonorrea o una sífilis. Y eso se me quita con dos inyecciones de penicilina.» Pero ésa no era la razón de su docilidad. La excitaba el olor a mulatez, a sacos de azúcar y a naranjas, a manigua y a lodo, a salitre puro y a mango, a miel y a saturnal. Era el olor del sexo en su más puro estado, como si una gigantesca nube de feromonas hubiera caído en plaga sobre las desprevenidas criaturas de ese siglo. Se dejó poseer sin temor, sólo extrañada de su propia mansedumbre. Junto a ella sentía el aliento de una mujer que repetía «maco, maco», sin que Claudia pudiera adivinar si se trataba del nombre de su pareja o de algún vocablo africano. Su raptor se despojó de la capucha y le abrió el vestido, pero ella no pudo verle el rostro en aquella oscuridad. Por lo demás, tampoco le interesaba. Disfrutó el escozor que le producía el muro rasposo en las nalgas cada vez que el hombre arremetía contra ella. Zumo de frutas corriendo entre los muslos. Su isla era una bendición; y los machos de su isla, un portento. Ella se abrió aún más, aprisionando con sus piernas las caderas del hombre, ofreciéndole la pulpa de su carne fresca a manera de exvoto. Muchas noches había rogado por sentirse realmente libre durante un momento, y ahora gozaba con aquella entrega donde no existía otro requisito que el propio acto de entregarse. Nada de duelos verbales, de estocadas engañosas, de adivinaciones y fingimientos... Ahora saciaba su hambre, toda su hambre acumulada, porque su atento violador, haciendo malabares de hércules, se echaba con ella sobre el suelo y empezaba sacar de sus bolsillos —o quizás de su capa— mandarinas y plátanos y anones y mangos y toda clase de frutos a los que iba despojando de sus suaves pieles antes de morderlos y entregárselos a Claudia, que los recibía de boca a boca, y el zumo de los cítricos se derramaba por su cuello, y la masa blanca del anón terminaba cubriendo sus pechos y se atoraba con el plátano que él colocaba en su boca y le obligaba a ir devorando de un extremo a otro, complaciéndose en ello como si la viera degustar una verga dulce y gigante, bajo la luz de una tea lejana. Y sólo después volvía él a moverse en su interior, a cabalgarla frenética y alevosamente, hasta que ella empezó a gritar junto con las negras y las mulatas que seguían siendo llevadas hasta aquel arenoso pedregal, violadas algunas y gustosamente entregadas otras, y Claudia se venía a la par de ellas para disfrute de los mirones que preferían observar en lugar de actuar. Gritó y rió y lloró como una loca, más por la sensación de libertad que por los mismos orgasmos. Era copular al unísono con la miscria y el sexo. Padecer una, aumentaba la necesidad del otro. ¿O tal vez no fuera así? Estaba demasiado cansada y satisfecha para ocuparse de una nimiedad semejante.

Alguien pasó con una antorcha —la misma que había permanecido junto al agua, espiando o aguardando—, pero nadie le prestó atención. Y Claudia tampoco lo hubiera hecho... de no ser porque el tránsito fugaz de la claridad le permitió ver el rostro de Onolorio que la contemplaba, aún echado encima de ella.

8

Ya no se trataba de una aparición molesta o intimidante, sino de un ente que cobraba dimensión real: una especie de íncubo que se alimentaba de su vida nocturna. Úrsula escuchó el relato sin aliento y Claudia iba notando la llegada del espanto en la expresión aparentemente neutra de su amiga, que apenas conseguía enmascarar lo que sentía.

—Tienes que salirte de eso —murmuró, persignándose tres veces.

Claudia fijó la vista en las sombras arrojadas por la débil llama del quinqué sobre los muebles. Desde hacía cuatro horas no había electricidad. Por un instante su pensamiento abandonó el horror de aquella tragedia y derivó hacia un plano maternal más instintivo. La leche del niño sólo aguantaría hasta la mañana, y eso si se abstenía de estar abriendo el refrigerador.

—Es el cuento del huevo y la gallina. —Se inclinó para meter una de las puntas del mosquitero bajo el colchón de la cuna—. Para dejar de putear, tengo que trabajar; pero para poder trabajar, necesito tener al niño en un círculo infantil, y eso es algo que no puedo hacer si antes no pruebo que soy trabajadora.

—Esta misma semana yo busco quien te cuide el niño o me dejo de llamar Úrsula.

Claudia aspiró la melaza caliente de la atmósfera que parecía cargada de extrañas vibraciones.

—¿Por qué crees que me está ocurriendo esto? —preguntó después de una pausa, mientras empezaba a morderse las uñas.

—Porque tu actividad nocturna le abre un canal a Onolorio.

—No me refiero a él, sino a los desplazamientos.

—Ah, yo tengo una teoría... y un secreto.

Claudia dejó de comerse las uñas y la miró con curiosidad.

—¿Un secreto?

Úrsula la estudió con aire de misterio y, a la luz del quinqué, su rostro casi adquirió una expresión de posesa. Claudia se acordó de aquella actriz polaca en *Madre Juana de los Ángeles*.

—Yo también he hecho viajes al pasado —confesó la monja—, pero no a La Habana del siglo XVIII, sino a Alemania, a la Edad Media.

—¿Me lo dices para consolarme?

—Te juro que no. Visité un par de veces una localidad llena de prados verdes y casas de juguete. Un paisaje de maravilla. En las cercanías hay un palacete parecido a esos castillos feudales que bordean la ribera del Rin, aunque no tan portentoso. Allí vi a Hildegard cuando era niña. Casi siempre está en su cama, enferma, debido a las visiones... Es bien raro porque, aunque no entiendo el idioma, lo comprendo todo: la niña predice el futuro y hasta sabe de qué color serán los terneros y las cabras que nacerán en los establos de sus padres. Ve estallidos de luz, y yo los veo con ella. Creo que mira a través de su espíritu y no con sus ojos.

—¿Sabes lo que pienso? —la interrumpió Claudia—. Que Hildegard es la culpable de nuestras traslaciones.

—Bueno, ésa es mi teoría —admitió Úrsula—. Pero quiero oír cómo la explicas.

—Todo empezó a ocurrir después que oí el casete —indicó Claudia—. Es lo único diferente que he hecho en los últimos días: escuchar la música de esa mujer. A mí... no sé cómo decírtelo. No es que tenga una crisis mística ni nada por el estilo, pero siento como si su música me mostrara una parte de Dios que yo no conocía; un pedazo suyo que se parece más a mí: más suave, más luminoso, más femenino. Como si encontrara voluptuosidad en el espíritu.

—Ésa es mi impresión —suspiró la monja—. Que Dios me perdone, pero a veces siento como si yo también fuera una sibila, sólo que rodeada de maracas y tambores, en lugar de querubines con arpas.

—Sigues tan loca como siempre —gorjeó Claudia, riendo por primera vez—. A ti sí te pega eso de que «el hábito no hace al monje».

—Yo debo de tener una conexión especial con Alemania o con Hildegard. Si la reencarnación fuera cierta, como decían los cristianos primitivos...

—Menos mal que ya no existe la Inquisición.

—¿No has oído hablar de las once mil vírgenes?

—Es un refrán.

—Con base histórica. Existió una santa Úrsula que fue asesinada en Alemania, la patria de Hildegard, cuando huía a Roma para escapar de un matrimonio. Las once doncellas que iban con ella también fueron asesinadas.

—¿No eran once mil?

—Nadie sabe de dónde salió el millar, pero eso no importa. La cuestión es que yo también me llamo Úrsula, ¿entiendes? *Úrsula*, como la santa muerta en Colonia. Y ahora tengo estas visiones de Hildegard, otra santa alemana. ¿Tú crees que esas cosas sean casuales?

—Hija, la verdad es que no sé qué pensar de toda esta mariguana esotérica. Lo único que tengo claro es que anoche templé con un fantasma... si es que no me di un pase de coca sin darme cuenta.

—¡Jesús! No digas eso ni en broma.

—Daría cualquier cosa por saber qué me está ocurriendo. Quise hablar contigo porque no conozco de alguien más que pueda ayudarme a entender este rollo. Primero pensé en Rubén...

—¿El artesano? —La monja pareció olvidar el tema anterior—. Pero si estaba preso... ¿O acaso volviste a verlo?

—Hace unos días.

—¿Le hablaste del niño?

—Hubiera tenido que decirle cómo lo mantengo.

—A veces no sé dónde tienes la cabeza —rezongó—. ¿Se lo contaste a Nubia?

—¿Lo de las visiones?

—No, mujer. Lo de Rubén.

—¿Para qué?

—Para tener otra opinión que no sea la de una monja que comparte tu «mariguana esotérica» ni la de una despistada que siempre anda con su cabeza en las nubes.

—No se me ocurrió... ¡Es que Nubia protesta por todo!

—Pues me gustaría que nos reuniéramos para hablar de este asunto. Además, hace siglos que no la veo. ¿Podría ser aquí?

Claudia asintió. Apenas le quedaba un trozo de cerebro lúcido. La realidad se le antojaba una deformación de todas sus vivencias anteriores, sobre todo ahora que el pasado despertaba a cada momento para mostrarle imágenes insólitas: la magnificencia de las mansiones, la belleza virgen y primigenia de su ciudad, la esperanzada vida de sus pobladores, el enjambre de negros y mulatos libertos, incluso de esclavos, que estudiaban artes manuales... Era un milagro. Saber que existió una Habana así le producía un tibio alborozo en el pecho, como si aún fuera posible soñar con el futuro.

Donde se ve que Dios también baila la rumba

Por las venas de Cuba no corre sangre, sino fuego; melodioso fuego que derrite texturas y obstáculos, que impide la mesura y, muchas veces, la reflexión. Pero así somos, y ése es nuestro mayor encanto y defecto: estamos hechos de música. Música que deshiela el alma, que va labrando cada pedacito de su acristalada superficie, creando concavidades y grutas por donde se deslizan, amorfas y polícromas, las emociones. La música es nuestro espíritu. Aprendimos a gesticular siguiendo sus ritmos y variaciones. Surgida en las selvas africanas, cincelada con armonías europeas, es cadencia polirrítmica que, pese a tanta mezcla, guarda aún la esencia de su coloratura negra.

La percusión de los tambores genera una especie de caos que semeja una conversación: todos improvisan en aparente desorden, sin dejar de guiarse por uno de ellos que produce un patrón repetido. Es como si esa controlada polifonía moldeara nuestra idiosincrasia. ¿Nacerá de ella el temperamento explosivo del isleño, su placer por el bullicio, su instinto comunicativo, su desorientación social? No creo que haya nada más parecido a nosotros que ese diálogo musical donde los instrumentos discuten interminablemente, sin que ninguno sea capaz de ceder: si uno llama, el otro responde; si el primero opina, el segundo interrumpe. Ese alboroto anímico es la génesis de nuestra efervescencia.

Pero la música es también un mandala que nos permite suplir otras carencias. Es nuestro santo y seña, un himno inconfundible que no traiciona su origen. Otros pueblos apenas necesitan de un tibio tremor para moverse; nosotros debemos hervir si queremos respirar. En Europa se baila como si el cuerpo sólo tuviera un centro de gravedad. En Cuba, como en África, el baile es policéntrico y las zonas del cuerpo actúan con independencia unas de otras, aunque pautadas por una coordinación milagrosa. Y esa agilidad, ese contrapunteo, esa viveza al movernos, al hablar, al sentir, al comunicarnos, al amar, lleva el trasfondo de esos ritmos. Es un componente genético del cubano: remedio para su alma herida o desterrada.

Escuchamos el quebradizo cloqueo de las maracas, el cante jondo del tiple, la turbamulta de los batá enloquecidos, y segregamos hormonas sensuales y gozosas. Nuestra música es un símbolo, una señal de fuerza, un hilo de comunión con nuestro suelo, una esperanza... Y uno de los lenguajes secretos de Dios.

QUINTA PARTE
—
EL SÍNDROME DE LA ESPERANZA FALLIDA

1

Desde el mediodía amenazaba con llover. La brisa semejaba un denso tejido donde los seres humanos se movían como peces atrapados en una red. Un olor a cloro helado colmaba la atmósfera.

Las tres mujeres se apresuraron a atravesar la avenida luchando contra el viento que arrastraba basura y hojas, arrancaba objetos de las manos y cegaba a los escasos caminantes. El niño reposaba sobre el hombro de su madre, cubierto a medias con una manta. Era un extraño trío el que formaban, y varias personas se volvieron para observarlas: una monja de hábitos oscuros, una joven con aspecto desaliñado, en jeans y blusón ancho, y otra con estampa de jinetera, en shorts y camiseta minúscula.

—Le dije que era una idiotez —repetía la monja.

—Como todo lo que ella hace.

—Ya sé que las dos tienen razón. Okey, ya lo admití: soy una burra. Pero cambiemos de tema o esto acabará como la fiesta de El Guatao.

Se adentraron en las callejuelas, escudos contra el viento en su estrechez centenaria. Pese al ambiente expectante que precedía a toda tormenta, los niños seguían jugando con sus aros oxidados en medio de montañas de basura. Sólo los adultos caminaban de prisa con sus bolsas aferradas a los cuerpos. Gotas gruesas y aisladas comenzaron a caer, dejando manchas enormes sobre el polvo del pavimento.

Corrieron los escasos metros que las separaban de la ciudadela y llegaron al umbral del antiguo palacete cuando el aguacero rompía a sus espaldas. Atravesaron el patio, Claudia abrió la puerta y todas entraron sacudiéndose ropas y cabellos. Úrsula había traído unas naranjas, regalo de un campesino a quien había ayudado a cuidar de su padre. Ahora las desparramó por el fregadero para lavarlas y exprimirlas.

—Ya ni me acuerdo a qué sabe un jugo de fruta natural —suspiró Nubia.

—A David le encanta —Claudia sacó un biberón del estante—, pero sólo le puedo dar de vez en cuando. Esa gente de la diplo se piensa que una es millonaria.

Después que Úrsula llenó media jarra, Claudia coló parte del líquido para evitar que los hollejos tupieran el chupete.

—¿Tú sabes lo que me ha dado por soñar? —dijo Nubia, tomando el biberón para dárselo al niño—. Que estoy fuera de Cuba y que llego a un mercado lleno de comida, todo baratísimo; pero cuando voy a pagar, el tendero me pide la libreta de racionamiento. ¿Y qué te crees? ¡No la tengo encima! A esa hora me paso todo el sueño preguntándome dónde la habré dejado, y siempre tengo la sospecha de que se me quedó en Cuba, pero allí no puedo volver porque me escapé en una balsa y si regreso me meterán presa. Así es que tengo que vivir en un país donde hay de todo, pero sin poder comprar nada.

—Hablando de irse —la interrumpió Claudia—, ¿han oído algo de la lotería de visas? Dicen que los gringos de la Oficina de Intereses están al borde del suicidio. Parece que no se imaginaron lo que les iba a caer encima. Las solicitudes llegan al medio millón.

Úrsula se había sentado en una silla, junto a la meseta de la cocina.

—Me lo imaginé —exclamó Nubia—. Va a ser más difícil conseguir una que ganarse el premio Nobel.

—Cualquiera diría que están pensando en irse —intervino Úrsula, que ahora se dedicaba a pescar trocitos de hielo en el fondo de su vaso.

—¿Y quién no? —dijo Nubia.

—Yo no me iría de aquí nunca.

—Eso lo dices porque nadie te exige que hagas guardias del comité, o que vayas a un desfile en la Plaza, o que hagas trabajo «voluntario» recogiendo papas, o que aplaudas cada vez que anuncian cualquier imbecilidad.

—Aunque así fuera, no me iría. Éste es mi país.

—Dichosa tú —Nubia contempló el fondo de su vaso—. Yo no tengo nada que me ate a este sitio.

—No digas eso de tu patria.

—La patria me la paso por el culo. Me da igual vivir aquí que con los pigmeos de África. Lo único que quiero es que me dejen en paz, poder decidir mi vida y no tenerle que rendir cuentas a nadie.

El niño lloriqueó y se sacó el biberón de la boca. Claudia lo tomó en brazos y lo llevó a la cuna.

—Yo me fuera, pero me da miedo —dijo después de acomodarlo entre las almohadas y arreglar el mosquitero.

—¿Miedo a qué? No veo cómo te pueda ir peor que aquí.

—Es por mi conexión.

Las otras dos guardaron silencio, sin comprender.

—Puede que suene idiota, pero me parece que si salgo de la isla perderé mi protección espiritual.

—No es que suenes idiota, sino que *eres* idiota —opinió Nubia, inmisericorde—. Si el precio para librarme de esta salación fuera dejar de ver a un par de espíritus, no lo pensaría dos veces. Los fantasmas no te dan de comer ni recogen tomates por ti, ¿verdad? Pues, entonces, que asuman sus limitaciones. Es tu vida contra la de ellos, si es que tienen una.

Se decía muy fácil, pensó Claudia, pero Muba no la seguiría al otro lado del mar; tampoco el Indio abandonaría su isla. Y sin ellos se sentía perdida... como ahora. Desde hacía dos semanas ninguno había vuelto a aparecer, y su ausencia era como un color que faltaba en la urdimbre cotidiana. Sin embargo, no eran sólo sus visiones lo que la anclaban al lugar. Últimamente había notado el paulatino aumento de un vínculo con su ciudad, algo que comenzaba a conectarla con ella: era un lazo de luz, una fuerza. Presentía que, sin esa conexión, ella misma se extinguiría.

Por otra parte, cada vez se le hacía más insoportable

su vida. No podía engañarse. Le hubiera gustado volar de allí, perderse para siempre, irse a un sitio remoto, lo más ajeno posible: Irlanda sería una buena opción. O la isla de Malta. ¿Cómo no se le había ocurrido antes? La isla de Malta era perfecta; ni siquiera sabía dónde estaba. Hubiera dado cualquier cosa por que todo cambiara, por no tener que hacer más lo que estaba haciendo; pero eso no sucedería. Un cambio que le permitiera renovar su vida sería un milagro, y Claudia no creía en ellos... al menos no en ese tipo de milagros.

—Ay, mierda, esto faltaba...

Más que el apagón, fue la queja de Nubia lo que la sacó de sus reflexiones. Fue necesario movilizarse para buscar con qué alumbrarse. El resto de la tormenta lo pasaron entre truenos y una vela. Cuando ésta se gastó, Claudia recordó que aún le quedaba un trozo de mecha con el que se apresuró a improvisar un farol.

—¿Y tu quinqué? —preguntó Nubia, cuando la vio revolver gavetas y sacar un tubo vacío de pasta dental.

—Se lo presté a Georgina —contestó Claudia, mientras se afanaba en abrir el tubo de pasta por la parte de atrás, hasta lograr que se parara sobre tres patas.

—¿La maestra del segundo piso?

—Ajá.

—Un quinqué no es algo que se preste.

—Es que le llegó una hermana de Banes. —Limpió los restos de pasta en el interior del tubo—. Imagínate. Ellos que son cuatro viviendo en esa barbacoa, y ahora con tres más... porque la hermana trajo a sus hijos.

Metió la mecha dentro del tubo y sacó un extremo

por la boca. Tras colocar el extraño atril en el pomo, vació en su interior un poco de keroseno que guardaba en una lata. La llamita tembló, azulada primero, naranja después, hasta llenar la habitación de reflejos.

—Tengo que hablarle de ese invento a la madre Rita —comentó Úrsula.

La velada continuó a la luz de aquel artefacto. Claudia preparó galletas con queso (comprados con dólares en la diplo) y repartió vino (regalo de un turista). Por supuesto, nadie preguntó —y ella no explicó— de dónde salían semejantes exquisiteces.

—Mmm... Galletas de sal con queso —gimió Nubia como si tuviera un orgasmo—. Mmm... Queso amarillo de huequitos, con su cascarita roja, como el que salía en los anuncios de antes... Queso salado, con su masa suave, con su olor sabroso que no es peste de milagro; el queso preferido de los ratones de Walt Disney... Mmm... Estoy pensando seriamente en cambiar de profesión.

—¡Nubia!

—Es una broma, Ursulita. Pero dime la verdad, ¿este queso no es una tentación del infierno?

El cañonazo de las nueve hizo retumbar los muros de La Habana Vieja, llegó hasta Centro Habana, pasó por el Vedado y siguió más allá del río Almendares, atravesando todos los barrios periféricos de la ciudad para alertar a sus dos millones de habitantes que, automáticamente, miraron sus relojes.

—Tengo que irme —anunció Úrsula, que había quedado en reunirse con otras tres monjitas, a esa hora, en una casa situada a seis cuadras de allí.

—Es temprano.

—Para mí, no. Además, debo regresar con mis hermanas. Están cerquita de aquí.

—¡Ajáaa! —exclamó Nubia—. Así se aseguran de que ninguna se vaya de juerga.

—No es un problema de desconfianza, sino de seguridad.

—Bueno, entonces te acompaño —dijo Nubia—. Como son las cosas de la vida, va y te asaltan por el camino... Por lo menos así pueden irme violando mientras tú te escapas. Total, ya no tengo nada que perder.

—¡Qué cosas dices!

Las amigas se alejaron mientras Claudia permanecía en el umbral, viendo cómo sus siluetas se confundían con la noche. Luego cerró la puerta, regresó a su silla y cerró los ojos. Silenciosamente llamó a Muba y esperó un rato, pero la negra no apareció. Evocó el fantasma del Indio, pero tampoco obtuvo respuesta. Era como si sus guías la hubieran abandonado, dejándola a merced de lo desconocido.

2

La tormenta duró más de lo imaginado. Llovió casi sin parar durante tres días y tres noches; una especie de diluvio en miniatura que inundó la ciudad, sobre todo las zonas bajas del Vedado. Los periódicos y los noticieros, con su acostumbrada asepsia, informaron de la situación, aunque sin hacer énfasis en los detalles más dolorosos. Por ejemplo, que mucha gente perdió lo poco que tenía: su refrigerador, su cocina, sus muebles... En La Habana Vieja fue peor: se derrumbaron seis edificios y otros veinte fueron declarados inhabitables por las goteras y las rajaduras.

Por suerte, Claudia vivía en la planta baja. Posiblemente sería una de las últimas en tener que abandonar el lugar si algo sucedía a los pisos superiores... a no ser que antes le cayera todo encima. Sin embargo, tres días sin trabajar fueron para ella tan catastróficos como el peor temporal. En la mañana del cuarto día, aún con la humedad pegada a la piel y a las ropas, salió —paloma escapada del arca que rastrea la presencia de un sitio donde posarse— en busca de Sissi. Tendrían que trabajar horas extra. Claudia había conseguido que Georgina le cuidara el niño, a cambio de un dólar que le daría esa misma noche.

Tuvieron suerte. Dos ricachones gallegos las recogieron frente al monumento a las víctimas del *Maine*. Cualquiera de ellos podría haber sido su abuelo, pero Claudia pensó en los dólares y sus escrúpulos se esfumaron. Se esmeró tanto que al final de la noche ya tenía una jaba llena de perfumes, latas de carne, leche condensada, cereales, ropa interior, jabones, desodorante, champú y hasta una linterna con sus baterías de repuesto: un lujo adicional. El viejo pensaba quedarse una semana, así es que ella se portó como toda una geisha —hasta improvisó masajes— con tal de asegurarse aquella fabulosa remesa diaria. Cuando se bajó del turistaxi, envuelta en una nube de Chanel 5, casi se creyó Marilyn Monroe.

Antes de pasar por el niño, dejó los paquetes en su cuarto. El característico perfume de las diplotiendas inundó el lugar, liberándolo de su perenne olor a moho. Ya en la puerta, se dio cuenta con horror de que había gastado todo el dinero. Tuvo una idea. Revolvió las bolsas, palpando en la oscuridad hasta hallar lo que buscaba.

—Hola, Georgy —saludó, cuando la mujer le abrió con David en brazos—. Mira, me da tremenda pena, pero no tengo el dólar que te prometí. Si quieres esperar hasta mañana... O puedo pagarte con esto. Claro, ya sé que no es lo mismo...

La mujer le arrebató el jabón de las manos.

—Niña, si esto es oro —se lo pegó a la nariz, olfateando con desespero—. Hace una semana que me estoy bañando con detergente y el asma me está matando. Ojalá me pagaran así en el trabajo.

Claudia tomó el niño.

—Yo sé en lo que andas, Claudita. Aquí nada es secreto, pero a mí esas cosas me resbalan. Cada cual tiene que buscárselas como puede —bajó la voz—. Si yo tuviera tu edad y tu cuerpo, dejaba la escuela y me iba al Malecón. Con esto te digo que puedo cuidar a David cada vez que quieras, por un dólar o un jabón o un tubo de pasta a la semana. Me da igual.

Claudia se lo agradeció. Por supuesto, resultaba un lujo eso de entregar un jabón semanal a cambio de un servicio de niñera, pero eso le permitiría ejercer horas extra en la mañana y la tarde y, por tanto, sacar mucho más. Era como vivir en el capitalismo. Qué maravilla: ser independiente, trabajar a cambio de dólares y, por si fuera poco, ganar más por cada jornada adicional. Ya no tendría que hacer trabajo «voluntario» a cambio de nada. Así era un gusto. Así era un placer la vida de proletaria. Así valía la pena sobrecumplir las metas, ser jinetera vanguardia; pero no a cambio de medallitas de latón, ni de diplomas hechos en papel cartucho, sino a cambio de artículos para vivir, de comida para matar su hambre vieja como la misma revolución que la había creado.

Qué harta estaba, Dios. Imaginó cómo sería vivir en un país donde la gente ganara dinero de verdad y no unos billetes que sólo eran aceptados en miserables cuchitriles; y cómo se sentiría uno si pudiera entrar a comer en cualquier restaurante, sin que nadie le dijera que allí no se podía porque ese lugar era sólo para extranjeros; y cómo sería llegar a una tienda, con ese dinero que había ganado —y que no era una divisa extranjera, sino la de su propio país— y revisar las vidrieras llenas de ropas, y pensar: «Esos botines están muy caros, pero si ahorro me los podré comprar la quincena o el mes que viene.» ¿Cómo sería hacer planes, pequeños planes a corto plazo? Tener la libertad para decidir entre una crema para el cutis o un jamón de pierna... ¿Cómo sería? Ella había visto que esas cosas ocurrían en las películas. ¿Se daría cuenta esa gente de lo afortunada que era?

Una idea la deslumbró con la celeridad de un rayo. ¿Y si engatusaba al viejo para que se la llevara a España? No tenía idea si el gallego estaba casado, pero podía averiguarlo. Irse de Cuba: por primera vez lo sopesó seriamente. Dejar su isla, abandonar la miseria, tener un trabajo... mendigar si era necesario —no todo allá afuera sería color de rosa—, pero lo haría sin miedos, sin tener que fingir o mentir más.

La luz del quinqué osciló temblorosa mientras ella desenvolvía los regalos y los colocaba en la repisa de la cocina. Como siempre, habían vuelto a quitar la electricidad. El apagón duraría dos, tres, cuatro horas. ¿Quién sabe? ¿Quién podía predecir nada en esa impredecible ciudad donde la incertidumbre era el pan de cada día?

Si hasta vivir allí le daba frío; un frío glacial que le recorría la espalda como si alguien le soplara en el espinazo... Se quedó inmóvil y el crujido de las bolsas plásticas cesó. La corriente de aire persistía, pese a que todas las ventanas estaban cerradas. Se dio vuelta. Bañado por una luminosidad fosforescente, el fantasma desnudo del Indio la observaba acuclillado desde una esquina. David jugaba con una cuchara, ajeno a la aparición.

—¿Qué quieres? —susurró ella.

El niño observó a su madre con curiosidad, atento a la pregunta que adivinaba en su tono; pero en seguida supo que el asunto no era con él.

—Vete —le rogó Claudia—. Cada vez que apareces, ocurre una desgracia. Por lo que más quieras, vete.

El Indio se alzó en la penumbra y fue acercándose despacio, con movimientos cuidadosos. Claudia recordó que ella misma había aprendido a acercarse a los gatos de esa manera suave y felina para que no se espantaran. Así parecía estar actuando el espectro: como si temiera que ella echase a correr antes de que él pudiera indicarle lo que deseaba. Por eso no se movió. Permaneció en su sitio esperándolo, pero no porque la hubiera engañado con aquella estratagema, sino porque intuía —de un modo oscuro y celular— que él no le haría daño. Más bien su cercanía le producía un efecto hipnótico. Cuando la figura de niebla estuvo a sólo unas pulgadas de ella, vio una mano fantasmal alzarse frente a su rostro y nublarle la visión. Cuando volvió a bajarla, ya no estaba en su cuarto. O quizás sí... sólo que ahora dormía y ella tenía un sueño.

Se encontraba en un bosque cercano a la costa. Podía oler el aroma salado del mar y escuchar el ruido de las olas al romper contra la playa. «Quiero despertarme», se dijo. Pero por más que se pellizcó, no pudo hacerlo.

Había algo familiar en aquel bosque. Doquiera que miraba, bandadas enteras de cotorras retozaban y chillaban entre las ramas. Una jutía asomó su hocico húmedo entre las rocas y ella estuvo a punto de morirse del susto cuando creyó que se trataba de una rata gigante. Sólo se dio cuenta de lo que era cuando recordó haber visto a aquellos animales casi extintos en el Museo de Ciencias.

Un toque rítmico y monótono alborotó la tranquilidad del bosque. La melodía le recordó vagamente aquellas liturgias de los indios hopi para invocar la lluvia, pero ésta era más aprensiva. A sus espaldas crujió una rama. Claudia quedó sorprendida cuando vio la familiar figura del Indio sin la transparencia fantasmal de la muerte. Y —lo más inesperado— sin cicatrices en el rostro.

Por primera vez lo escuchó hablar. Tenía un timbre dulcísimo y las frases parecían cantos. Enlazaba las palabras con variaciones tonales que le recordaron los idiomas asiáticos, aunque su tesitura era más delicada. De toda aquella jerigonza sólo entendió una palabra, repetida con insistencia a lo largo del discurso: *Aihvana... Aihvana...*

¡Qué alucinación tan estúpida! Quiso regresar a la costa, a la playa donde iban a morir las olas, pero el Indio la tocó... ¡La tocó! Sintió la presión de sus dedos cálidos sobre el brazo y aquello la asustó más. Hizo un ademán de huida, pero él se arrodilló y le habló en una actitud de humildad y ruego tan conmovedora que la hizo desistir. Algo quería enseñarle.

Se dejó conducir hacia un estanque. El agua llegaba a través de rocas musgosas y seguía su curso hacia algún sitio de la espesura; pero antes permanecía un tiempo en el depósito transparente y, al parecer, sagrado, a juzgar por el número de ofrendas que bordeaban sus orillas: idolillos de piedra, caracoles, frutas diversas, plumas multicolores, y hasta guijarros amarillos y brillantes que ella supuso fueran pepitas de oro. El Indio se había acercado a un escondite resguardado de la intemperie, en el interior de las rocas, y extrajo de allí la mitad de un coco llena de una poción a base de frutas y yerbas fermentadas. Tomó un sorbo y luego le tendió la vasija a Claudia, que tragó aguantando la respiración. Lo que sucedió después fue algo que nunca supo explicar.

Le pareció que la superficie del estanque se levantaba como un espejo. Escenas vertiginosas pasaron sobre el cristal del agua. Vio jolgorios en un claro del bosque, fiestas donde hombres y mujeres danzaban al son de improvisados tambores, pero no como los que ella conocía, sino construidos con troncos de árboles quemados; y también asistió a la inconfundible ceremonia de una boda: el Indio y una joven —unidas sus manos, de rodillas ante un anciano con aspecto de momia— recibían la bendición en lengua jeroglífica; y luego vio a su guía, junto a otros indios, acorralar a un almiquí que se esforzaba inútilmente por hallar un sitio donde ocultarse; y asistió al banquete donde se cocían las piezas de caza y los pescados sobre lajas de piedra; y descubrió las danzas de aquel paraíso que fuera su isla, un edén que aún existía cuando ya la humanidad lo daba por perdido y que, en su ceguera, se afanó por destruir... Y vivió el atardecer en que llegaron tres casas flotantes con las alas desplegadas al viento; y su Indio la tomó de la mano para hablarle con lágrimas en los ojos, repitiendo su jerigonza incomprensible; y ella se sobresaltó porque creyó haberle escuchado decir *Habana*, pero al final entendió que repetía *Aihvana*. ¿Se llamaría así alguna persona? ¿Su mujer? ¿Algún lugar? ¿*Ese* lugar? Luego pronunció también la palabra *jurakán*, y supo lo que trataba de decirle: aquella visión sería el preludio de una catástrofe peor que un huracán; y después recitó un largo lamento que a ella se le antojó un poema, o quizás un rezo dicho en su lengua de la que sólo quedaban algunos vocablos, y en los versos resaltaba otra palabra aborigen, la más mágica de todas, *Cuba,* con la cual ellos mismos habían bautizado la isla. Y de pronto comprendió lo que significaba la frase que él repetía: *En el mar está el peligro.* Y vio a guerreros que desenvainaban espadas y apuntaban a los cuerpos desnudos e indefensos; y a unos mansos varones de ropas humildes que intentaban detener la masacre, interponiendo sus cuerpos entre aquellos indígenas —a los que no les unían más lazos que su propia humanidad— y sus hermanos de sangre y enemigos de espíritu. Y los cuerpos caían como granos de trigo abatidos por una tormenta. Y Claudia vio a su Indio que trataba de proteger a su mujer, para terminar con el rostro tasajeado y muriendo también sobre ella. Y vio a un sacerdote con ojos de santo, san Bartolomé acaso —que para los indios lo era aunque nadie lo hubiera canonizado—, que lograba por fin detener la matanza, aunque demasiado tarde, cuando miles habían muerto. Y ella contempló la llanura roja, cubierta por los cadáveres de la raza más dulce de las Antillas.

En el mar está el peligro, repitió el Indio en su lengua de muerto y volvió a señalar los navíos que ya se alejaban. Pero Claudia interpretó la advertencia como algo muy distinto.

3

El día que escriba un diccionario sobre el léxico de estos años, no podrá faltar *DIPLO (diminutivo de diplotienda)*. *1. Almacenes de mercancía donde la moneda oficial del país y mierda son la msima cosa. 2. Ventanita al mundo exterior que ayuda a quitar la depresión a quienes tienen la suerte de conseguir dólares...* Y es que a mí, la verdad, me levantan el ánimo. Si no fuera por esos locales limpiecitos y con aire acondicionado, sin olor a basura podrida de hace dos semanas, con toda esa luz en los techos y su aroma a pan o a Dior; si no fuera por esos ratos en que me teletransporto a otro planeta, como en esas películas de ciencia ficción donde un rayo lo desintegra a uno y después lo vuelve a componer en otro sitio, no sé qué me habría hecho.

La primera vez que entré a una diplo casi me dio un patatús. Pero no por avaricia. Yo siempre me he conformado con poco; por ejemplo, con poder usar desodorante en lugar de leche de magnesia o de ese otro invento a base de jabón raspado, alcohol y pasta de dientes que me deja todo el sobaco pelado. Porque —eso sí— los cubanos somos muy limpios. Aunque yo, entre la peladura del alcohol y los golondrinos de la magnesia, estaba al borde del suicidio. No sé, pero a mí me parece que un desodorante no es pedir mucho. Y tampoco un juguito de frutas de vez en cuando. O un bistecito.

Bueno, a lo mejor la carne es un lujo; pero un lujo chiquito, insignificante. Los mayimbes comen carne todos los días y después nos dicen que tenemos que seguirnos sacrificando. Los oigo y no puedo dejar de acordarme de aquel *Cuatro patas bueno, dos patas mejor*, porque esa gente es la caricatura de los cerdos de la historia...

Quiero escribir y me sale espuma, decía el poeta. Quiero amar y me sale odio, respondemos. No es culpa nuestra, sino de esas vallas que están por todas partes. Cada vez que veo una, me viene a la mente la letra de esa canción, digna de un Orwell tropical: «Siempre hay un ojo que te ve...» *Big Brother is watching you*. Y yo que me reía del libro. Qué mala leche tiene este tipo, pensaba. Qué paranoico. Qué desquiciado de la puta de su madre. Y resulta que ahora me paso la vida mirando por encima del hombro para ver si alguien me vigila. Fue una manía que cogí en el museo cuando empecé a notar que muchas cosas que yo comentaba a solas con alguien me las sacaban después en las asambleas —a mí y a la otra persona, que se quedaba tan tarada como yo—. Por eso supe que en algún sitio del museo debía haber micrófonos o cámaras ocultas. Quisimos pensar que no estaban en todas partes, pero bastó la evidencia de que existiera al menos uno de esos aparatos para que cundiera la alarma. Y todavía el gallego me pregunta que de dónde he sacado esa costumbre de revisar la habitación, de mirar debajo de los muebles, o de tapar con un pañuelo la salida del aire acondicionado. Dice que el año pasado fue lo mismo con otra «amiga» suya —quiso decir con otra puta, pero tuvo la decencia de usar un eufemismo—. Todavía no entiende que nos han hecho la vida un yogur. Por eso, en cuanto me llegó el rumor, volé a la embajada. No esperé un minuto. A lo mejor era mi oportunidad de largarme, aunque tuviera que trabajar con David amarrado a la espalda, como una negra de África.

Aquello era un mar de personas, todas igualmente histéricas, aunque no tanto como la policía que había hecho un cordón para proteger la zona. El tráfico parado y el copón divino. ¿Quién carajo había dicho que allí había trabajo?, gritaba un oficial a un grupo que trataba de pasar. ¡Y en Australia! ¿Por qué entonces vienen a la embajada de Canadá y no a la de Australia? Ahí mismo me di cuenta del engaño y me entró la depresión. Resultó que era un invento, una bola, un rumor transmitido *vox populi*, es decir, por Radio Bemba, esa fuente de chismes esperanzadores para quienes estamos «atrapados sin salida», como reza el título de aquella película de Jack Nicholson, que en inglés se llamaba *Alguien voló sobre el nido del cuco* pero que aquí le cambiaron el nombre, sabe Dios por qué. Igual se armó un rollo tremendo en los cines porque la gente empezó a tomar la historia como una parábola sobre la represión del sistema comunista; y aunque algunos periódicos trataron de enmendar la plana, publicando reseñas donde explicaban que la parábola se refería al sistema capitalista y que su director (¿Milos Forman? ¡Ja! ¿Quién se lo iba a creer si ése también había salido huyendo del comunismo?) había tratado de criticar la «alienante sociedad de consumo», la gente se limpió olímpicamente con aquello y las colas en los cines siguieron aumentando,hasta que la Seguridad se encabronó y mandó a retirar la película, que estuvo prohibida durante un tiempo... Así mismo estábamos los miles frente a la embajada de Canadá, como Jack Nicholson, sin posibilidades de salir de este asilo de locos donde nos han encerrado. Fue entonces cuando pensé si no sería mejor morirme para ver si mi guía, el Indio mudo, me cargaba en brazos igual que hacía el indio gigante de la película con el cadáver del pobre Nicholson. Imaginé que también me llevaría a un sitio lindo donde no habría más rejas, ni más restricciones, ni más carceleros. Ay, Dios, a un paraíso como el de mi visión, todo cubierto de selvas y manantiales, con sus lagunas salpicadas por flamencos rosados, con el aire repleto de tocororos rojoblancoazules, como banderas cubanas revoloteando sobre el bosque inmenso que fue mi isla. En un lugar así no me importaría que no hubiera diploticndas, ni carne, ni queso... ni siquiera desodorantes, que ya es mucho decir.

4

Claudia se detuvo ante la puerta entreabierta.

—Es la puta más rara con que me he tropezao en la vida.

Lo había llamado desde el lobby para decirle que ya subía y, al parecer, Juancho había abierto la puerta para facilitarle el camino, en una muestra de confianza o tal vez de prematuro apetito. Era la segunda vez que el andaluz venía a Cuba. Por lo menos era la segunda vez que Claudia lo veía.

—Es que no pide alhajas ni ropa; sólo unas pelas de vez en cuando... y libros —le contaba a su invisible interlocutor—. Y mira qué libros: Kundera, Mujica Lainez, este tío peruano del Vargas... ¿Cómo lo ves?

Eran los autores que ella había mencionado tres meses atrás. Saber que se había acordado le produjo una dicha agridulce, sobre todo al oír cómo se refería a ella. No estaba ofendida —el tono de la voz no era peyorativo—, sino más bien dolida.

Esperó unos segundos antes de tocar.

—Hola, reina —la saludó con alegría—. Te presento a mi primo. Manolo, aquí está la Mora, mi gitana tropical.

Así se había empeñado en llamarla. Dios, qué mal se sentía. Cada vez peor. No podía dejar de pensar que había quedado reducida al papel de mujercita que inspiraba una simpatía condescendiente. Ya no era Claudia, la licenciada en historia del arte, sino la Mora, una puta que se acostaba por jabones y libros.

Trató de olvidar su condición —de ignorar ese monólogo con que acostumbraba a medir sus actos y razones— y se concentró en los regalos. Sissi llegó al rato, después de «hacer algunas coordinaciones», es decir, después de pasarle el diezmo en fulas al seguroso del hotel para que no las «echara pa'lante». Así habían podido entrar sin ser molestadas. Juancho decidió que

230

irían a Las Cañitas. Más tarde almorzaron en El Polinesio, y de ahí se fueron a El Patio; todo dentro del mismo hotel, sin tener que preocuparse por la policía.

Claudia intentó sobreponerse a su depresión. Exteriormente aparentaba una falsa complacencia que estaba lejos de sentir. No quería pelearse con Sissi, pero cada vez se le hacían más difíciles aquellas salidas. Tratando de contrarrestar su malestar había ideado un método de saneamiento, un antídoto contra el daño que le producía aquella vida. Lo practicaba como un ritual, disciplinadamente, para purificarse.

Cada mañana, cuando aún era demasiado temprano para ir a cazar turistas, repasaba sus láminas de arte. En ocasiones se inventaba historias o imaginaba situaciones a partir de datos conocidos. Se extasiaba ante el cuadro de Rossetti, donde el pintor había reproducido la imagen de su mujer, Lizzie Siddal, la musa de los prerrafaelitas, muerta por una sobredosis de droga. Era una imagen que la fascinaba porque se le antojaba una conexión entre los demonios de varias épocas. Siempre le pareció una muerte moderna, muy hippie, para una ninfa del siglo XIX. Otras veces repasaba los paisajes tahitianos de Gauguin, con sus hembras de pechos oscuros que competían con la redondez y exuberancia de las frutas. Pero si el día amenazaba con llover y le entraba la morriña, jugaba a perderse en alguna capilla prerrománica de Asturias, la tierra de sus antepasados, que seguramente cobijaría los fantasmas de los celtas que los precedieron. Claudia miraba las fotos y sospechaba que cierto sueño recurrente, donde deambulaba por corredores medievales, se relacionaba con algún recuerdo genético. Desde que estudió la profusión de capillas en el suelo astur comenzó a imaginar que podía existir cierto vínculo entre los sueños y sus ancestros...

—Ahora me explico por qué no te empastillas —le dijo Nubia un día en que ella le contó sus ideas—. Con ese ajiaco en tu cerebro ya tienes de sobra.

Era su compensación, su defensa, la única manera de no hundirse del todo. Después de leer, salía a ejercer el milenario oficio con la cabeza llena de caprichos goyescos y esculturas de Canova, de dibujos de Beardsley y fachadas gaudianas. Se cruzaba con otras jóvenes de su edad y trataba de adivinar cuáles de ellas tendrían sus títulos guardados en algún cajón... Y pensar que había terminado igual que Sissi. Eso le había pasado por tirar piedras cuando ella misma tenía el tejado de vidrio. Aquiles se lo hubiera dicho de un modo menos poético: «Eso te pasa por escupir pa'rriba.» Hacía mucho que no lo veía, pero imaginaba que ya su amigo estaría enterado de sus andanzas. Allí todo se sabía. Pueblo chiquito, infierno grande... Bueno, La Habana no era una ciudad precisamente chiquita, pero era un infierno igual de grande. Y a falta de periódicos o noticieros a los cuales creer, Radio Bemba se encargaba de divulgar las noticias: las buenas y las malas, las verdaderas y las falsas.

Claudia se recostó en un muro, aguardando por los amigos que habían ido a alquilar un turistaxi para Tropicana. Todavía el sol de la tarde arrancaba rubores a la fachada del hotel. Sissi se contoneaba discretamente por la acera, con su carterita de puta francesa de los años cuarenta, y Claudia la observaba distraída mientras su amiga se alejaba unos pasos. Un auto se detuvo ante ella. Claudia se acercó con displicencia y se agachó para decirle al chofer que no estaba libre, pero su expresión se congeló al reconocerlo.

—¿Gilberto?

—El mismo.

—Gusto en saludarte.

—Oye, espera, ¿tienes algún compromiso? —la pregunta sonó idiota, pero él insistió en mostrarse ajeno a lo que era obvio—. Si no esperas a nadie, te invito a un trago.

—No, gracias.

—A comer.

—Te lo agradezco. Estoy ocupada.

Hubo un instante de silencio en el que ella buscó una nueva excusa para despedirse y él otra para quedarse.

—Me separé de Leticia.

—Lo siento por ti.

—Y dejé la carnicería.

Ella estuvo a punto de preguntarle qué hacía ahora, pero eso hubiera sido el inicio de una conversación que descaba terminar.

—¡Mora, apúrate!

Sissi le hacía señas frente a un auto detenido.

—Disculpa, pero me esperan.

—¿No podríamos vernos en otro momento?

—Gilberto, lo nuestro estuvo bien; pero lo que pasó, pasó.

Él quiso insistir, pero ya Claudia caminaba hacia el

turistaxi que la aguardaba con el motor en marcha y con Sissi sentada junto al chófer; la vio montarse en el asiento trasero, junto a dos desconocidos, y cerrar la puerta. Definitivamente la Mora había cambiado.

5

¡Qué mala pata! Venirse a encontrar con Gilberto en aquel preciso momento. No era que le importara su opinión. En definitiva había terminado con él y no pensaba dar marcha atrás al reloj, pero... ¿A quién engañas, Claudia? ¡Claro que te importa! Y no porque sintiera algo por él. Aquello había pasado, de veras; pero le encabronaba lo que pudiera pensar alguien que fuera tan cercano. A nadie le gusta que quienes lo han visto en mejores tiempos asistan a su desamparo o decadencia. Es humillante. Sobre todo le preocupaban las posibles derivaciones del hecho. Si Gilberto la había sorprendido en tales ajetreos, en cualquier momento podría pasarle lo mismo con Rubén. Y eso sí sería su muerte. Se suicidaría. Lo pensó mejor. O se montaría en una balsa y se iría a Miami. Allí nadie la conocía y podría comenzar desde cero.

Se dio cuenta de que jugaba de nuevo con la idea. Se estaba acostumbrando a sobarla como un juego de cartas, un cubo de Rubik, un hipnoglifo o cualquier otro objeto hecho para imantar el subconsciente... La advertencia del Indio acudió a su memoria. El peligro. El mar.

234

¿Quedarse o huir? ¿Putear o morir de hambre? *To be or not to be?* La eterna disyuntiva.

Delante de ella, el sofrito bullía en el fondo de la cazuela. Aceite, ajo machacado, ajíes rojitos como los de su infancia, cebolla, tomate: un lujo para sazonar los frijoles negros que había conseguido en la diplo. Los molería para convertirlos en puré y le daría un pozuelo a David. También había conseguido compotas de vegetales y de carne que ningún niño de aquel barrio conocía.

Después de añadir el sofrito a los frijoles, lo revolvió todo y dejó que se cocinara un poco más. Mientras esperaba para sacar una parte de los frijoles y aplastarlos con un tenedor (secreto de las abuelas para espesarlos), abrió la cortinita de la meseta debajo del fregadero. Allí estaba su banco suizo: las decenas de latas jineteadas cristianamente, es decir, con dolor. Pero valía la pena el sacrificio, pensó al contemplar los pomos de pimientos morrones, de mayonesa, de aceitunas —tesoros que la hacían sentirse Jackie Onassis—; las latas de puré de tomate, de salchichas, de spam - exquiseces inimaginadas por las hordas famélicas que habitaban aquel solar; secreto que, de ser descubierto, podría costarle la vida.

Todavía seguía extasiada en la contemplación de sus bienes cuando alguien tocó a la puerta. Casi estuvo a punto de tumbar la olla de frijoles. Cerró con presteza la cortina, teniendo cuidado de extender bien la tela en los extremos para que no se viera nada. Fue a la puerta y abrió.

—¡Qué rico huele! —exclamó Úrsula.

—Por poco me matas del susto —cerró la puerta—. ¿Quieres almorzar? Hoy sí puedo invitarte.

—Tengo que irme rápido, pero puedo probar para no hacerte un desaire... ¿Frijoles, verdad?

—Negros.

—Huelen tan bien. Me recuerdan los que se hacían en la finca de mis tíos, que en paz descansen los dos, si es que pueden hacerlo después de lo que le hicieron a su finquita.

Claudia no quería saber, pero Úrsula siguió como si nada.

—Tenían sembradas doscientas matas de naranja, siempre cargadas de unos frutos gigantes, los más dulces que he probado en mi vida. Un día llegó un tipo del gobierno y anunció que el estado necesitaba esa tierra para un cañaveral. Ellos le juraron que aquel suelo no les serviría, pero de todos modos vinieron unos buldozers y arrasaron con el naranjal para cultivar el azúcar... que nunca se dio.

—Úrsula —dijo Claudia al cabo de un momento—. ¿Quieres hacerme un gran favor?

—Si está en mis manos...

—No vuelvas a contarme ese tipo de historias.

—Perdona.

—Es que ya no puedo más. —Se desplomó en una silla—. Creo que llegué a mi límite.

—¿Qué te ocurre?

—Todo me deprime. Esto de llevar una doble vida, me mata. No puedo ser puta y santa al mismo tiempo. Estoy al borde de la esquizofrenia. Me levanto por las

236

mañanas y oigo a Hildegard en la grabadora mientras leo novelas subversivas; por la tarde me maquillo y salgo a jinetear por ahí. Te juro que ya no doy más.

—Mira si soy idiota. Vine a traerte buenas noticias y es lo único que no he hecho. —Se levantó de su asiento y se acercó al librero—. Hablé con varias hermanas y creo que vamos a poder ayudarte.

Claudia guardaba silencio.

—... a no ser que prefieras seguir en esto —añadió.

—Ya te dije que estoy hasta la coronilla de templarme tipos que no conozco.

—No hace falta que seas tan explícita. —Repasó con la vista el estante atestado de libros—. ¿Estás dispuesta a trabajar en cualquier cosa?

—Si alguien me cuida a David, sí. Ahora se lo dejo a la maestra, pero tengo que pagarle en especies... Detergente, jabones y cosas así. Cuando cambie de profesión, ya no podré contar con ella.

La monja sacó un libro del estante.

—Bueno, anímate. Me parece que lo del niño está a punto de resolverse —hojeó el ejemplar—. *Sobre cosas que se ven en los cielos...* ¿Jung no era psicólogo?

—Ex discípulo de Freud.

—¿Y escribía sobre platillos voladores? —su vista se deslizó sobre las páginas y se detuvo en un párrafo subrayado—. «Nada ayuda más a los rumores y al pánico que la ignorancia...» Por supuesto, una cita que puede aplicarse a algo más que al fenómeno ovni... «El primer requisito de un rumor visionario, distinto de un rumor ordinario, es siempre la presencia de una emoción inusual. Sin embargo, su crecimiento hasta transformarse en una visión y en un delirio de los sentidos brota de una emoción más fuerte y, por tanto, tiene un origen más profundo...» Ya caigo. Te ha dado por estudiar la psicología de las visiones.

—Muy inteligente.

—¿Y a qué conclusión has llegado? ¿Estamos locas o qué?

—Muchas visiones son reales, pero de una naturaleza tan diferente a todo lo conocido que, al no poderlas explicar, las suponemos imposibles.

La monja devolvió el libro a su lugar.

—He oído decir que ese Jung era medio hereje.

—Medio no, completo —admitió Claudia—. Para él, los mandalas y los ovnis se relacionan con Dios.

—Espero que ahora no te dé por volverte atea.

—Descuida. Quien no se haya vuelto ateo después de pasar por una escuela en este país, no lo será ni en la próxima vida... y yo pasé esa prueba.

6

¡Mulato!, échame aquí cualquier cosa: coronilla, guachipupa, cianuro, chispa e'tren, lo que tengas; que de aquí no salgo hasta que no coja una buena nota. ¿Pero cómo quieres que me calme, asere? ¿Tú sabes lo que es buscar a una jeva durante un año y encontrársela de puta? ¡Le roncan los cojones de Maceo! Mañana mismo me voy a Guanabacoa a hacerme un trabajo. Yo me quito a esa tipa de la cabeza o dejo de llamarme Gilberto... Es que nada en este país me sale bien. A lo mejor la salación tiene que ver con esta cabrona isla... ¿Te conté lo de la embajada? Como me lo imaginé: mil gentes tratando de irse. ¿Y sabes qué? Era una bola, chico. De las minas de Australia, na' de na'. Menos mal que yo pude montar mi paladar. Si no fuera por eso, me habría colgado de una guásima... Facilito, viejo. Todo de contrabando, pero bien organizado. Un bisne fino, de altura, como los que tienen los mafiosos. Imagínate tú un patio lleno de matas, con musiquita indirecta y mesas con azulejos de colores. Hasta conseguí unas lamparitas de cristal, como esas que tenía aquella mariconaza que se fue por el Mariel... No, ésa era una loca chusma. Yo digo aquel tipo que era actor, muy fino él. ¿Cómo se llamaba esa lámpara que tenía en el comedor? ¡Tiffany! Claro, el cristal de las mías es de plástico, pero si no lo tocas, ni cuenta te das. Lo único que me falta es un adornito extra para las paredes. Mira, a lo mejor tú me puedes hacer algo. Te lo pago en fulas, por supuesto... Me conseguí un socito que administra una diplo. Yo le compro en dólares la mercancía que luego revendo. Contraté a Cacha, la chivatona aquella del comité. No, hombre, si ya le vendió al comunismo hace tiempo. Ahora está por los «dolores» y cocina que es una maravilla. ¿Sabes lo que me decidió a proponerle el negocio? Un día, haciendo una guardia del comité, me dijo: «Esto ya no es una revolución, Gilbertico, sino una involución.» Vaya, que hasta la gente

239

más bruta tiene sus frases brillantes. Allí mismo, a las tres de la mañana, cerramos el trato. Ella sigue haciendo el paripé de que «somos socialistas, pa'lante y pa'lante», pero vive de los verdes que yo le doy... Mi paladar es una mina de oro. De allí saco para mí, para pagarle a la vieja y para comprar más cosas al socio de la diplo. Pero eso sí, el que no tiene fulas, no come en mi negocio. Lo siento mucho, pero el momento es de sacrificios, como dice el Comediante en Jefe; y ahora que me independicé, no creo ni en mi madre... No te vayas, compadre, quédate un ratico. La verdad es que andamos igual de jodidos. Me imagino por lo que estás pasando, pero créeme que lo mío es peor. Por lo menos tu ninfa no se tiró pa'la calle del medio como la mía. Una cosa es que te la dejen en la mano y otra que te dejen por puta. Yo creo que, de ésta, me hago el santo o por lo menos una rogación de cabeza. A lo mejor un resguardito no me viene mal, aunque sea uno chiquito: un Elegguá o algo así. Por si acaso, ya puse mi gallo de Osún en el jardín. Ahí lo tengo vigilando para que no me cojan desprevenido, porque lo único que me falta es que los segurosos se me cuelen en el gao y descubran lo que tengo en el almacén... Por lo menos algo es algo. Ya no sé qué más inventar para quitarme esta mala sombra. Tú verás que el día menos pensado yo también agarro una lancha y no paro hasta Malecón y 90...

Mierda. Había vuelto a soñar con él. ¿Cuándo podría quitárselo de la cabeza? Desde que lo hallara en aquella esquina —más bien desde que se acostara otra vez con él—, su imagen la perseguía en sueños. Después de tanto tiempo... Pero no lo vería más, al menos por el momento. Dadas sus condiciones, sería un absurdo; sólo serviría para dañarlo. Antes tendría que cambiar de vida.

¿Era posible que Úrsula cumpliera su promesa? La posibilidad le parecía remota, demasiado buena para ser cierta. Claro, volvería a la miseria, a las colas infinitas para recibir un puñado de arroz y un trozo de pan; pero si volvía a ser ella, entonces sí se atrevería a mirarlo de frente, y no sólo a él, sino también a Gilberto y al resto de las personas que conocía. Por supuesto, tendría que deshacerse de sus cosas, de todo lo que pudiera dar una pista sobre lo que había sido su vida en los últimos tiempos. Lo vendería todo, menos los libros; y tampoco su ropa interior. Ya inventaría algo —tal vez alguna amiga exiliada que vino a ver a su familia y se la regaló...—. No existía nada tan humillante como andar con la ropa interior destrozada. Era una prueba atroz para ella, y también para muchas mujeres. De hecho, más de una jinetera le había confesado que su entrada al oficio se la debía a unos blúmers rotos. Eso era algo que los machos nunca entenderían. Denle ropa interior a las mujeres, unas prendas bonitas, de encaje o de seda suave, con colores vivos o cremas, y acabarán con la mitad de las jineteras... por lo menos con las que no tienen hijos o familia que alimentar. Así pensaba Claudia, porque ella misma podía andar en andrajos, tener la piel reseca por falta de cremas o quemada por esos jabones de potasa que dan por la libreta, podía ir por el mundo desnutrida, anémica, casi descalza, pero si sentía sobre su piel la caricia de una pieza interior satinada, se sentía una reina.

Ella había tratado de explicárselo a un turista italiano que al principio se mostró casi escandalizado. ¿Venderse por blúmers, por jabones, por desodorantes? ¿Dónde estaba la dignidad de la mujer cubana? Hasta que ella le recordó que en Europa, después de la segunda guerra mundial, las mujeres se vendían por un par de medias de seda. Y es que los pueblos, cuando han dejado atrás la pobreza, empiezan a padecer de amnesia; pero todos han compartido debilidades comunes. Cuando unas pasan, luego llegan otras. Y ésta era la hora de Cuba, el momento de su máxima miseria, de su peor degradación, aunque no debido a una guerra. Y eso era lo más triste: que aquella aberración no tenía una causa que la justificara. Parecía más bien la obra de alguien movido por un odio pertinaz hacia todo un pueblo, que se hubiera dedicado, metódica y sistemáticamente, a minar cada rincón de su espíritu, destruyendo cada antiguo pilar que lo sostenía, desde su dignidad hasta su historia.

Pero Claudia no llevó sus pensamientos tan lejos. Su rabia quedó atrapada en la contemplación de sus blúmers: el malva con encajes al frente, el azul jaspeado como un mar tropical, el rojo rematado con bordes en negro, el blanco con un vuelito coqueto detrás... Ella era una fetichista: le gustaba acariciarse con la seda de sus prendas. En última instancia, pensó, si no lograba regresar con Rubén, al menos contaba con aquella reserva para alimentar a su hijo. Aunque fueran blúmers usados, aún valían dólares.

Comenzó a maquillarse. Ya había pasado la época en que se pintaba las cejas con betún de zapatos y las mejillas con desodorante en crema teñido. Ahora tenía un estuche surtido. Era una cajita en forma de corazón, muy cursi, casi maricona: la envidia de todas sus colegas. Se iba abriendo por partes como una caja de Pandora, como un secreter de uno de esos estilos Luises franceses. Primero el costado derecho, luego el izquierdo, después salía una gavetica invisible que conservaba el contorno de la punta del corazón, y un espejo que se sacaba de atrás por la parte superior. Parecía una flor rara con sus pétalos al viento o una mariposa multicolor rescatada de algún bosque neozelandés: cuatro tipos de polvo facial, varios tonos de colorete, diez sombras para párpados, cinco pinturas labiales, brochas, pinceles, lapicitos, pinzas, cepillitos...

Esa noche, ella y Sissi estaban invitadas al Salón Rojo del Capri. El gallego había regresado, a los escasos dos meses de haberse ido. En su visita anterior, Claudia había intentado sugerirle que ella podía irse a vivir con él, si así lo quería, y el viejo pareció encantado. Era viudo y, a juzgar por indicios íntimos, de un matrimonio bastante aburrido. Sin embargo, después de su conversación con Úrsula la única idea que la rondaba era cómo regresar a su digna miseria apenas consiguiera quien le cuidara el niño. Por eso cuando el viejo le propuso formal matrimonio en medio del desfile de mulatas que llenaban la noche habanera de deseos, no supo qué contestarle, y el hombre quedó muy contento porque interpretó su silencio como un sí. Hasta le había traído un anillo.

Festejaron toda la noche en el cabaret y a las dos de la mañana subieron a la habitación tras despedirse del resto de los comensales, incluida Sissi que andaba con otro gallego igualmente matusalénico. Claudia tuvo que desplegar todo su arte para convencerlo de que tenía que irse a las cuatro de la madrugada. Sabía que su hijo estaba seguro en casa de Nubia, pero no era por el niño que deseaba regresar, sino porque su cabeza le daba más vueltas que un tiovivo.

El viejo insistió en acompañarla y ella aceptó, pero no permitió que el turistaxi fuera más allá de Luz y Egido. Prefería caminar unas cuadras antes que dejarle saber dónde vivía. El secreto de su domicilio era su puerta de emergencia.

¿Se casaba o no? ¿Se iba o no se iba? De nuevo Hamlet... O mejor, Ofelia obsesiva. *Si pico, me ensucio el pico*, pensó como el gallito del cuento. *Y si no pico, pierdo el granico.* Si me quedo, seguiré en el fondo del pozo. Y si me voy... ¿Qué le esperaba? Un país extraño, lejos de la tierra que le pertenecía por derecho propio y que nunca pensó abandonar. Pero también viviría en un sitio donde no tendría que ser la Mora para sobrevivir. Trató de sopesar la mezcla de circunstancias que la obligaban a irse. Sumó hechos, descartó situaciones, multiplicó detalles, y siempre el resultado fue el mismo; factores que nunca alteraban el producto: un presente sin futuro.

Caminó sintiendo el cosquilleo de los dólares metidos en sus medias. Las primeras noches escurría los billetes dentro de sus zapatos. Otra jinetera le demostró que era un disparate. «Si alguien te asalta y no te encuentra dinero encima, te quitará la ropa y los zapatos —le dijo—. Y en cuanto te descalces, ahí mismo descubrirá los fulas. Pero ningún tipo te pedirá las medias. Podrás irte caminando como si nada, con el dinero pegado a las plantas de los pies.» Así lo había hecho desde entonces. Otras enrollaban los billetes y se los metían en la vagina; pero aquel método le parecía una atrocidad infecciosa.

Llegó al solar sin contratiempos. Un cambio en la dirección del aire, un súbito olor a tierra mojada, le indicó la cercanía de lluvia matutina. El ruido de las gotas contra las persianas de madera anunció que la tormenta llegaba con más prontitud de la que sospechara. Cayó rendida, dejando las medias —aún con los billetes dentro— tiradas en un rincón.

La despertó el ruido de una explosión pavorosa. Durante un instante permaneció en la cama con los ojos abiertos, tratando de adivinar si había soñado. Miró el reloj: la una y diez de la tarde. Había un silencio anómalo; no se escuchaban los gritos habituales del solar al mediodía. Otra explosión más la hizo saltar. ¿Qué estaba ocurriendo? Pensó en David. Dios, tenía que ir a buscarlo. ¿Sería otro sabotaje en los muelles, en una fábrica? Últimamente se estaban produciendo muchos. La prensa los disfrazaba de accidentes, pero siempre había algún vecino que trabajaba en el lugar o que tenía algún amigo que le venía con el chisme.

Fue a moverse, pero no pudo. Había un olor raro en el aire; un aroma que nunca había sentido, pero que alertaba su cerebro como si se tratara de un instinto remoto y primitivo. Escuchó la gritería lejana y nuevamente trató de levantarse. Le dolía el pecho como si le faltara la respiración. Cerró los ojos, respiró hondo... y salió. Literalmente. Salió dejando su cuerpo atrás, tendido sobre la cama, dormido o muerto, o al menos con los ojos cerrados.

Miró en torno. Flotaba sobre la azotea de una mansión desconocida y Muba estaba con ella. La Habana no era La Habana, sino un mar de torres blancas y un aire purísimo que provenía de los bosques cercanos que rodeaban las murallas. Un humo negro brotaba del castillo del Morro.

—¿Qué pasa, Muba? ¿Ya me he muerto?

—Qui bobá dice, niña.

Eso era, había ocurrido de nuevo: estaba en La Habana, doscientos y tantos años atrás.

—¿Qué es todo ese humo?

—Yigó la hora de lo mameye.

Claudia tardó unos segundos en entender lo que la negra le decía. Luego recordó que la frase —que seguían usando los cubanos de su época para referirse a la llegada de cualquier momento crucial— se remontaba al siglo XVIII, más precisamente a 1762, cuando los ingleses tomaron la ciudad durante unos meses. Siguiendo su habitual costumbre de enriquecer el lenguaje, los habaneros habían bautizado a los invasores con el nombre de la fruta cuya masa tenía el color de sus casacas... Y eso era lo que estaba ocurriendo: había llegado *de verdad* la hora de los mameyes.

El sol se ocultó tras los cúmulos de nubes. Más allá, a la entrada de la bahía, se divisaba la flota de barcos con sus velas recogidas y las banderas británicas gigantescas en la popa de cada barco. Pero ¿qué sucedía en el mismo Morro? Como si sus pensamientos fueran combustible para su traslado, Claudia se halló de pronto frente al acantilado donde se alza la fortaleza. Una bomba o una mina habían abierto un boquete, y por allí penetraban los mameyes que habían subido por una pendiente. Claudia podía ver a los ocupantes de las barcazas remando hacia la orilla, trepar después por el risco y bordear los muros de la fortaleza hasta el boquete. A su derecha se alzaban las ruinas del faro. Apenas quedaba una porción de lo que fuera su cúpula, sostenida por un resto de la pared occidental.

Desconcierto. Ésa era la impresión que daban las tropas de tierra en medio de la polvareda levantada por la explosión. Apenas habían entrado algunos ingleses, cuando marinos, artilleros, infantería y demás huyeron por el otro extremo. Sólo unos pocos oficiales quedaron atrincherados, tratando de hacer frente a los invasores. Muchos de los que se rendían eran acuchillados al momento; otros eran hechos prisioneros.

De algún modo Claudia supo que el asedio del Morro había sido cuestión de semanas, y no de algunas horas como siempre había supuesto. Pero, en su visión, el paso de los días se redujo a minutos. Todavía quedaba, sin embargo, lo principal: la codiciada villa seguía sin rendirse.

Tres navíos españoles —el *Asia*, el *Neptuno* y el *Europa*— fueron hundidos por los propios españoles en un vano intento por bloquear la entrada de la bahía, mientras el enemigo se dedicaba a agrupar cañones en una loma. Parte de los cascos aún flotaba a flor de agua cuando se inició el bombardeo en una cálida madrugada de agosto. Muba recordaba bien la fecha porque ese día había muerto su hijo Francisco, tras incorporarse al grupo de negros y mulatos libertos que, hartos de la ineptitud oficial, decidieron defender su territorio.

El fuego de artillería duró pocas horas. A media mañana fue izada una bandera de parlamento sobre el castillo de La Fuerza, después que el gobernador y otros altos funcionarios huyeran hacia el extremo sur de la ciudad, adonde no llegaban los proyectiles. En realidad, fue más el susto que el destrozo lo que les hizo huir. La mayoría de las balas —unas esferas de hierro huecas con pólvora en su interior, a las que se prendía fuego antes de arrojarlas— habían estallado en el aire sin causar mayores daños. Muchas se apagaron antes de caer y sólo en raras ocasiones fueron a dar encima de alguna casa.

Al día siguiente del bombardeo, la ciudad capituló. Los ingleses desengancharon la cadena que cerraba la bahía, observados por una multitud de curiosos que había salido a la misma orilla pedregosa por donde, dos siglos más tarde, correrían los turistaxi y las bicicletas. Pero en ese momento aún no existía la amplia avenida. El mar lamía los muros del castillo de La Punta y los lugareños trataban de evitar un resbalón en aquellos dientes-de-perro, insistiendo en ser testigos del acontecimiento.

Más allá de las murallas crecía un bosque interminable que bordeaba la costa del futuro Malecón. Hacia el oeste era visible el torreón de la caleta después llamada de San Lázaro. La construcción se alzaba a orillas del mar, en una ensenada que desaparecería cuando el hombre le robara terreno a la costa, dejando al solitario torreón como huésped anacrónico en medio de una urbe moderna. Todavía más lejos, perdido en las márgenes boscosas del río Almendares, se hallaba también en manos inglesas el fuerte de Santa Dorotea de Luna, que los coetáneos de Claudia conocerían como La Chorrera.

¡Qué pequeñita se le antojaba aquella Habana! ¡Qué vulnerable y grácil! Era apenas un conjunto de palacetes y barracas rodeado de agua por el este y, al otro lado, por centenares de cedros, uvas caletas, anones, mameyes, ceibas, mangos, cocoteros, caobas, guanábanas y otros árboles frutales y maderales que cubrían el monte Vedado y se extendían más allá de las riberas transparentes del Almendares... ese que la negra se empeñaba en llamar con un nombre que semejaba un trabalenguas.

—Lo jindio llamaba sí —insistió cuando Claudia trató de rectificarla—. Casigua... Casiguagua... Non mi cueddo bien. Pregunta jindio cuando lo vea.

Sí, lo haría, aunque dudaba que él se dignara a responderle; sólo le había hablado cuando ella visitó su época... Y de pronto se preguntó cómo sabría Muba de la existencia del Indio. Pero últimamente sucedían muchas cosas raras. Por ejemplo, ¿por qué la había llevado hasta aquel sitio? ¿Qué podía importarle una cosa ocurrida hacía tanto tiempo? Recordó los rostros de los habitantes de Guanabacoa que habían salido a defender una fortaleza que no les pertenecía; y los de los negros y mulatos, libertos o aún esclavos, machete en mano junto a los humildes guajiros; todos ellos habían hecho más daño al enemigo que el entrenado ejército de la metrópoli.

Tuvo entonces un amago de intuición; una idea que creció como la vaga imagen de un sueño imposible de ignorar. Al inicio del asalto los nativos habían reaccionado con sorpresa, indecisos ante un hecho que escapaba a sus previsiones. Después vinieron los torpes intentos por organizarse; pero cuando la vanguardia de aquella improvisada resistencia salió al combate, hubo gallardía en sus actos. Cada hazaña, cada herida, cada muerte, parecían gritar lo mismo: la patria ya no era el hogar de sus antepasados —españoles o africanos—, sino aquel suelo fértil y húmedo como sus costas eternamente abrazadas por las olas.

Eso era lo que Muba deseaba enseñarle con aquella suerte de viaje astral que la negra sabía manejar como una experta shamana. Y Claudia comprendió que la violencia contra su tierra había hecho brotar el primer indicio de orgullo en quienes la habitaban. Por primera vez sospechó que aquel ataque había desencadenado el parto espiritual de una ciudad que comenzaba a crear su propio duende; ese que ahora mismo estaba sufriendo, que la embrujaba y la ataba cada vez más a sus calles.

Sí, vivir en ese sitio era como parir: algo terrible, pero ansiado, porque de allí manaba una tibieza uterina como la que brota de la fuente materna cuando el feto está a punto de salir a la luz. ¿Cómo se puede desear un dolor que amenaza con destrozar nuestros huesos y desangrarnos? Claudia no lo sabía; pero las visiones iban transformando su ciudad en un instinto, y los instintos no se explican: se temen, se padecen o se aman.

8

Decidió tomarse unos días. Había trabajado bastante y tenía sus buenos ahorros. Casi como para retirarse.

—No voy a salir durante un tiempo —le dijo a Elena—. Ya te avisaré.

—Si no te mantienes en circulación, perderás clientes.

—Estoy cansada —bostezó Claudia, encogiéndose de hombros—. Y no estoy segura si seguiré en esto mucho más.

—No puedes irte ahora. Estamos ganando muchísimo.

—Elena... Déjame tranquila.

Su nombre verdadero, dicho por quien había mantenido durante meses el pacto de llamarla por su apodo de batalla, reveló mayor decisión que la propia negativa. Durante unos segundos, su amiga la observó trajinar en la cocina con la sedosa bata de casa a medio abrir y un aire de fatiga en el rostro.

—Bueno, ahí te dejo. —Y se marchó.

Claudia desayunó y le dio el jugo a David, luego se vistió y salió con él a buscar a Nubia para que los acompañara al zoológico... si es que podía llamársele así a ese rincón fétido que otrora fuera calificado como uno de los mejores del mundo en su género.

Parte de la fama durante los años cincuenta se debió a la diversidad de especies reunidas en un espacio cuyo aprovechamiento era una obra maestra. Allí la imaginación acompañaba al ingenio, como ocurría con esa laguna que representaba al mar Caribe y su reproducción de la isla de Cuba custodiada por dos faros en cada extremo: la Punta de Maisí y el Cabo de San Antonio. Por supuesto, en la parte correspondiente a la Ciénaga de Zapata estaban los cocodrilos. Pero Claudia prefería la enorme jaula de los monos aulladores. Cuando era niña —y los monos se hallaban mejor alimentados— chillaban todo el día. Hoy sus estallidos de júbilo eran esporádicos, más bien espasmódicos.

Después de vagar por las jaulas principales, se detuvieron un rato frente a uno de los grandes enigmas del lugar: la altísima casa de juncos construida para albergar a una jirafa... que nunca llegó. O al menos eso decían los más viejos trabajadores del zoológico. Era una controversia que databa de hacía años y que se transmitía de generación en generación. Muchos juraban haber visto a la jirafa asomar su cabeza tras aquel entramado de caña brava; innumerables niños —hoy adultos— aseguraban haberla visto; incontables adultos —hoy ancianos— lo confirmaban. Pero en los anales del zoológico no constaba que hubiera existido jirafa alguna. Hasta un documental había hablado sobre el asunto. El enigma persistía. Era un misterio bizantino que fascinaba a Claudia. Le hubiera gustado leer un ensayo al respecto titulado «La jirafa no identificada» o algo así, porque aquella jirafa era el ovni habanero: un objeto que, según las autoridades, nunca había existido, pero que gran parte de la población juraba haber visto con sus propios ojos. «Con estos ojitos que se van a comer los gusanos», le había asegurado su misma abuela.

Terminaron la jornada en Coppelia, haciendo una cola que llegaba a la acera. Hubieran podido almorzar en casa de Claudia, pero el niño se antojó de comer helado, y ella, que se sentía culpable porque apenas lo veía, decidió complacerlo. A los quince minutos de cola, el niño se durmió.

—No sé si voy a poder aguantar tanto tiempo —le susurró a Nubia.

—Cuando te canses, me lo pasas.

Esperaron diez minutos más, sin que la masa de gente pareciera moverse.

—Espérame aquí —dijo Nubia—. Voy hasta allá alante a preguntar qué tiempo se demorará esto.

Claudia la vio dirigirse hacia la caseta de los tickets y perderse entre la multitud. A los pocos segundos regresó.

—Van a colarnos —susurró.

—¿Quién?

—Nosotras nos vamos —anunció a una pareja que las seguía y, mientras caminaba hacia el inicio de la cola, volvió a susurrarle a Claudia—: Me encontré con una amiga.

—¿Quién es?

—Gaia. Tú no la conoces. Estuvo en el pre un año antes de que tú entraras. Luego se mudó, creo que para Buenavista o la Playa. No sé bien.

Gaia tenía aire de andar en las nubes, los ojos grandes y un aspecto lánguido. Algunas personas en la cola empezaron a protestar, pero ella respondió con displicencia:

—Yo les había cogido turno —e ignoró las quejas, que terminaron por apagarse.

—¿Qué has estado haciendo? —preguntó Nubia.

La otra se encogió de hombros.

—Sobrevivo.

—Menos mal que te encontramos.

—De puro milagro.

—¿Por qué?

—Es que había tremendo lío en la zona del puerto. Se robaron una lancha.

—¿Qué lancha?

—Una de las lanchitas que cruzan la bahía.

—¿Y eso?

—La desviaron para Miami.

—Pero, ¿cuándo?

—Ayer. Dicen que llegó de lo mejor. Un tipo la secuestró, y el resto de los pasajeros aprovechó para quedarse. Creo que sólo regresó uno... Por lo menos ésos llegaron.

—¿Es que hubo otra huida? —intervino Claudia.

—Un intento, pero acabó en tiroteo.

—¿Cuándo?

—Hace ya un tiempito. ¿No se enteraron del escándalo? Porque aquello fue famoso... ¿Saben quien iba allí?

Ambas negaron.

—Ernesto.

Las dos siguieron con caras de no saber.

—Aquel gay del Vedado que siempre rondaba la escuela.

—¡Ah, sí! —Claudia lo recordaba porque había tenido un amorío con Aquiles—. ¿Y lo cogieron preso?

—¿Pero en qué pueblo tú vives, niña? Te estoy diciendo que los guardacostas tirotearon la lancha.

—Ay, Dios...

—¿Qué?

—Era muy amigo de Aquiles. ¿Tú crees que ya se habrá enterado?

—Me imagino que sí.

—Pobrecito Aquiles.

—Querrás decir «pobrecito Ernesto»... Aquiles sigue vivo.

En ese momento llegaron ante la ventanilla de los tickets.

—Sólo hay sundaes, ensalada y batido —dijo la vendedora.

—¿No hay Turquino?

—Sundaes, ensalada y batido —repitió ella con persistencia robótica.

Nubia pensó que tal vez la mujer sufría un cortocircuito, como la computadora de *Odisea espacial*. Se volvió a su amiga.

—¿Qué vas a pedir?

Claudia pensó en aquel adolescente de facciones delicadas que le echaba migas a los gorriones en un banco del Prado, y en la multitud frente a la embajada canadiense, y en una aspirante a directora de cine, y en una ex historiadora del arte.

—¿Qué vas a pedir? —repitió Nubia.

Pero Claudia había perdido el apetito.

Donde nadie sabe a qué atenerse

En Cuba se llama «bolas» a los rumores, ya sean verdaderos o falsos. Se trata de una sinonimia por asociación puesto que las bolas, al igual que los rumores, corren, se deslizan, salvan escollos, aminoran la marcha o la aumentan en dependencia del terreno que cruzan, llegando a los rincones más insospechados.

En un sitio donde se sabe que las noticias oficiales nunca son lo que parecen y jamás parecen lo que son, el papel de las bolas cobra especial significado. La sociedad se entera de lo que ocurre a través de las bolas. Y la teoría sobre la velocidad con que se extienden los rumores adquiere dimensiones cósmicas, con un tiempo récord de distribución que podría resumirse en la fórmula $Vp = 3 \times i$, donde 3 es el número promedio mínimo de personas al que se suele contar una noticia, i designaría el factor de importancia que tal noticia tiene para los interesados, y Vp la velocidad con que se propaga dicho rumor.

La Habana debería ser un caso de estudio por parte de las Naciones Unidas... y no sólo porque su casco histórico haya sido declarado Patrimonio de la Humanidad. En esta ciudad de dos millones y medio de habitantes, una bola con factor i muy elevado que saliera a rodar a las siete de la mañana, ya es conocida por las cuatro quintas partes de esa población antes de las diez. Eso ocurrió, por ejemplo, cuando se extendió el rumor de que la embajada de Canadá, situada en la hermosa mansión de la Séptima Avenida, en Miramar, estaba dando visas de salida a todo aquel que quisiera trabajar en las minas de Australia. Analizada bajo el prisma de la cordura, pudiera parecer imposible que semejante idea haya podido ser tomada en serio siquiera por diez personas; pero en esa olla de grillos que es la isla se trata del tipo de rumores que desencadena una respuesta espontánea, enérgica y mucho más masiva que cuando obligan a la población a marchar en la plaza, con la sonrisa en los labios, so pena de perder sus puestos de trabajo. La desesperación es la madre del delirio. No es de extrañar, por ello, que cualquier rumor —por disparatado que sea— provoque la aglomeración de miles de personas, creando el consiguiente caos en la vía pública.

Días después, la gente comenzó a sospechar que «aquello de la embajada» había sido uno de esos jueguitos ideados por la Seguridad. Ya se sabe que muchos rumores que crean expectativas falsas provienen de los oscuros mecanismos del aparato ideológico. El objetivo es claro: crear una esperanza relacionada con el mundo exterior, que luego es desmentida, lo que provoca el desaliento general. Cuando este estímulo se repite muchas veces, se va creando una especie de reflejo condicionado que produce sentimientos de inseguridad hacia todo lo que está «allá afuera». La gente empieza a asociar ese mundo exterior con el enemigo. Y la sensación de desasosiego, provocada por la repetición de la fórmula esperanza/fracaso, llega a ser sinónimo de «lo que nos espera si se acaba el sistema». Aquello que se sale de la norma ideológica se convierte en algo inseguro y no confiable. Es una labor de años. Los más jóvenes, como han atravesado pocos condicionamientos, suelen ser más rebeldes y se atreven a pensar en la posibilidad de un cambio. Los de mayor edad —cobayos agotados que ya han participado en demasiados experimentos— son los más desanimados y se convierten en portadores permanentes del desaliento.

Otra variante para anular la rebeldía son los cambios arbitrarios: lo que hoy está permitido, mañana se convierte en delito; y viceversa. La repetición de ese *modus vivendi* produce la sensación de que uno vive sobre arenas movedizas, encima de un terreno que en cualquier momento puede devorarlo. La gente apenas se atreve a tomar una decisión porque ésta puede costarle la cárcel al día siguiente.

Se vive en la incertidumbre, en una especie de conteo recesivo en espera de que algo suceda. Sólo unos pocos iluminados se atreven a pensar o a planear una posibilidad distinta, porque para generarla, para luchar por ella, uno debe estar seguro de que el universo se rige por leyes fijas. Todo plan requiere de una lógica que permita anticiparse a un resultado. «Si marcho en línea recta por este camino, mañana llegaré al pie de aquella colina», piensa quien se mueve en una dimensión aristotélica. Pero quien se ha criado en un universo ilógico, no euclidiano, sabe que la cadena de acontecimientos no funciona así. Yo puedo ir caminando en dirección a esa colina para descubrir mañana que llegué al fondo del océano.

Cuando esa esperanza fallida se repite año tras año, la gente se vuelve escéptica y se anulan sus posibilidades de acción. Y con esa incertidumbre a cuestas no queda otra alternativa que la inacción absoluta o el escape hacia otro mundo donde las leyes naturales sean más previsibles. Cualquier criatura, advertida del peligro, se apresuraría a buscar protección contra este síndrome de muerte social; pero no un pueblo desorientado que terminó siendo sorprendido por el fuego que él ayudó a encender. O para decirlo en cubano, un pueblo que se mató él mismito como Chacumbele.

SEXTA PARTE

LOS ÁNGELES CANÍBALES

1

Claudia caminaba sobre nubes. Le costaba trabajo creerlo, pero Úrsula le había asegurado que esa semana tendría la respuesta y todo parecía indicar que iba a ser positiva. No quiso decirle nada más porque las cosas, para que sucedan, no pueden andarse divulgando. Claudia la tildó de supersticiosa.

—No es un problema de superstición, sino de energías —repuso la monja, muy seria—. Si uno se pone a andar diciendo a los cuatro vientos lo que desea, la energía necesaria para que eso se cumpla se pierde, en lugar de concentrarse en la tarea.

Una teoría que a Claudia se le antojó propia de una bruja moderna, pero no dijo nada a su amiga para no estropear la felicidad que ya se le escapaba en forma de luz por los ojos. Porque Úrsula siempre había sido así: buena por gusto, eso que llaman un alma de Dios.

Se detuvo a punto de doblar la esquina. De inmediato se ocultó tras una de las columnas del barcito que a esa hora de la mañana sólo tenía cuatro o cinco borrachos entonando boleros en la barra: *Me da tristeza contemplarteee, triste, sola... No queda ya de lo que fuisteee, nada, nadaaa...* Sí, eso mismo le diría Rubén si la viera ahora, si levantara la vista que mantiene clavada en el suelo mientras conversa con la desconocida que va a su lado.

Un negro con la cabeza blanqueada en canas —lo que en esa raza denota una venerable antigüedad— entró por el lado opuesto del bar y se quedó mirando a Claudia como si ella fuera una aparición. En verdad debía parecerlo en aquel sitio de mala muerte: era una joven de carnes firmes bajo sus ajustados shorts. El negro alzó la mano donde tenía una botella a medio vaciar y cantó a voz en cuello: *Me faltaba amooor, me faltaba paaaz, me faltabas túuuu...* El resto de los borrachos, ajenos al homenaje, interpretaron la interrupción como un aporte al coro y entonaron: *Llegasteee a mi vida, a borrar las noches de amargo desvelooo. A darme la luuuz, tú que eres mi soool, que eres mi consueeelooo...*

Atraído por la algarabía, Rubén levantó la vista en dirección a la esquina. Claudia se acurrucó detrás de la columna con el corazón palpitante, tratando de ignorar al anciano que se le acercaba sin dejar de piropearla usando a José Antonio Méndez: *Y hoy que siento así, en el corazóoon estar junto a ti, se enlutó el dolor y la confusión ya no existe en míii...* El resto de los borrachos, comprendiendo ahora que asistían al nacimiento de un romance, aplaudían y gritaban.

Claudia aguardó unos segundos antes de asomarse. Rubén y la desconocida se alejaban en dirección opuesta. ¿Quién era ella? ¿Una amiga? ¿Una nueva amante?

—Deja eso, Bebo, que no está pa'ti —se escuchó la advertencia de un recién llegado—. Las jineteras sólo se acuestan por *dolores*.

Claudia se volvió como una fiera hacia el individuo y creyó reconocerlo. Era un mulato que vivía en su mismo solar. Decidió ignorarlo, mientras buscaba con la mirada a la pareja que cruzaba la calle.

—*Bájate de esa nubeee* —tronó el negro en su oreja— *y ven aquí a la realidad, no mires a la gente con aire de superioridaaa...*

Ella salió a la acera y se quedó observando las figuras que se confundían con los transeúntes. A sus espaldas continuaba aquel lamento dedicado a alguna colega del pasado:

—*Tú piensas que el dinerooo todo lo puede compraaar, no basta el oro del mundo para lograr la felicidaaaa...*

Caminó unos pasos, ajena a la atención que despertaba aquella escena donde un negro octogenario, botella en mano, entonaba su aria criolla ante una joven que actuaba como si estuviera sorda.

¿Lo seguiría? Por el rumbo que llevaban no parecía que fuesen al solar de Rubén. ¿Irían a casa de ella? ¿A una posada? Pero Rubén no necesitaba ir a una posada para acostarse con nadie; tenía su propio cuarto... Alguien la agarró por un brazo. Ella saltó, dispuesta a golpear.

—¡Eh! Niña, ¿qué te pasa?

Claudia tardó unos segundos en reconocer a su amigo. Estaba tan cambiado. Y aquella ropa...

—No me mires así, que no soy un fantasma —le dijo

Aquiles—. ¿Qué haces aquí? Estás armando un lío, ¿sabes?

—Vi pasar a Rubén y me escondí.

—¿Todavía sigues con esa bobera? Mira que eres zonza, hija. Media Cuba es jinetera y todavía tú te preocupas por el qué dirán.

Ella lo miró atónita.

—¿Tú lo sabías?

—Aquí todo se sabe. Y no hay nada malo en eso; mira, hasta yo estoy de jinetero —se dio vuelta para mostrar su ropa—. Claro, jinetero particular y sin interés. Pura casualidad... Ay, soy feliz. ¡Feliz!

—¿Te enamoraste?

—¡Y cómo, niña! Imagínate que es coronel.

—¡Un coronel!

—Casado y con dos hijos, pero está arrebatao conmigo. Deja que lo veas. Es un cuarentón que está de concurso... Mira, mira, si me erizo nada más de acordarme.

Claudia estaba tan atónita que empezó a caminar junto a él, desviándose por completo del rumbo que llevaba.

—¿Cómo lo conociste?

—Empezó con eso de las lanchitas. Te enteraste, ¿verdad?

Claudia asintió, recordando también lo que la amiga de Nubia le contara sobre la muerte de Ernesto, pero decidió no decir nada para no aguarle la fiesta a su amigo.

—Pues después que la segunda llegó a Miami, todos los días se armaban tremendas colas para cruzar la bahía. Yo, por supuesto, en primera fila, porque estaba seguro de que la cosa no pararía ahí. Me pasaba las tardes montando de un lado a otro para ver si en una de ésas había otro secuestro y me enganchaba en él. ¿Te imaginas? Yo, de víctima. ¡Qué emoción! ¡Raptado hasta Miami!... Y todavía sigo haciendo mis viajecitos, pero sólo de vez en cuando. ¡Es que este niño no me deja vivir! Para no hacerte largo el cuento, una de esas tardes lo veo a él, de civil, cogiendo la lanchita. Yo ni me imaginaba que estaba allí de policía secreto, porque él es coronel de la Seguridad, y allí mismo me sacó conversación. Viajamos como siete veces seguidas del Muelle de Caballería a Casablanca, y de Casablanca al Muelle de Caballería. Lo demás, como dicen las novelas, es historia.

—¿Un coronel de la Seguridad? —después del pasmo inicial, a Claudia le entró un ataque de risa—. Pero, hijo, tú no tienes paz con nadie.

—Mi madre dice que yo me le escapé al diablo, va y tiene razón —saltó lleno de gozo—. ¿Te imaginas si mi padre se entera, él tan militar y tan machote? Ay, si yo te digo... Si no fuera por ese desgraciado que ya sabes, yo no me iba de aquí ni muerto. Créeme: vivimos en un paisito divino, en una fiesta innombrable, como diría el inefable Lezama...

A sus espaldas se escuchaba todavía, lejana, la serenata del negro en mitad de la calle:

—*De momento sentí ira, pero pronto comprendíii que tu amor no vale naaada; y la nada, nada inspiraaaa...*

Sí, pensó Claudia, aquello era un banquete perpetuo donde todos jugaban a comerse. Y ellos eran los anfitriones de ese jolgorio: unos ángeles pecadores que, a pesar de estar en el infierno, aún soñaban con la idea del paraíso.

2

Tendría que darle una respuesta al gallego... y pronto. El viejo se había quedado en La Habana esperando por ella, y ya no hallaba qué inventarle para posponer la boda. Lo cierto es que se debatía entre los deseos de irse y el miedo a lo que pudiera esperarla en un universo para el que no estaba preparada. Se sabía capaz de sobrevivir, como las ratas, en las honduras de un inhóspito alcantarillado, pero sospechaba que se sentiría perdida en la superficie libérrima y fastuosa del mundo exterior.

Encendió la grabadora y puso el casete de Hildegard para oír un poco de música mientras buscaba qué ponerse. David estaría jugando ahora con los hijos de Georgina, quien casi se había convertido en su niñera permanente para que ella pudiera «oficiar» por las tardes y las noches. Le hubiera gustado tener más tiempo para él... Las madres deberían trabajar en la calle sólo medio día, pensó. Total, si nunca paramos de trajinar. Cuando no hay que lavar ropa, hay que plancharla, y después cocinar y servir la comida y luego fregar la vajilla, y estar pendientes de que los hijos o el marido tengan ropa que ponerse, y mantener la casa limpia y recogida, y ver que al otro día haya algo para el desayuno, y... el cuento de nunca acabar. Pero nadie pagaba esas horas. Peor aún, era como si no existieran; como si todo ese trabajo se hiciera solo o fuera obra de algún duende. Eso era ella. Eso eran todas las mujeres del solar. Duendes como los de esos cuentos donde la gente se acostaba a dormir y al día siguiente se levantaba para hallar el pan horneado, las migas barridas y el hogar ardiendo con leña recién cortada del bosque. «Lo hicieron las hadas», coreaban los niños en esas fábulas. «*The little people*», susurraban los de habla inglesa —patria de los seres féericos—, pues allí son tan poderosos que nadie se atreve a llamarlos por su verdadero nombre.

Claudia se había quedado hipnotizada, absorta en una rendija de la puerta. Su imaginación quedó atrapada en ese mantra musical que volvía a actuar como puente entre mundos improbables... Se sobresaltó al escuchar un toque apenas audible en su puerta. Mientras se abrochaba el vestido, se le ocurrió que aquel susurro contra la madera podría haber sido la llamada de un hada.

Abrió la puerta y el sol la cegó de tal manera que, de momento, no pudo reconocer la oscura figura que se recortaba a contraluz.

—¿Qué desea?

—¿Tú va dicí no conoce negra?

—¡Muba!

—Yo va tené'nseñatte cosa.

—¿Qué cosa?

—Tú tené que ve.

Y sin añadir otra palabra, dio media vuelta y echó a caminar por el patio. Claudia salió tras ella, pero apenas anduvo unos pasos se quedó inmóvil como si un rayo la hubiera clavado en el lugar. Por doquier, los jazmines refrescaban la atmósfera. En los arcos que debieron estar cubiertos por toscos tablones, ahora centelleaban los vitrales con su profusión de frutas. Las barandas habían perdido sus remiendos de hierro para recuperar sus torneados balaustres de madera. Azulejos con cenefas vegetales, vagamente celtas, bordeaban las paredes de pasillos y escaleras. Pero Claudia no pudo observar más detalles porque ya Muba cruzaba el zaguán hacia el exterior. Tan pronto la alcanzó, se dio vuelta para ver la fachada del palacio. Para su sorpresa descubrió que varias manzanas aledañas habían desaparecido de golpe y que donde antes estuviera la mansión ahora sólo se alzaba una casa mucho más modesta. Por el mismo centro de lo que debió ser la calle Luz, corría el agua de una zanja en dirección a la bahía.

—Muba, ¿qué pasó con mi casa?

—Casa de marqué non siste aquí. Ta faltá unos años.

—¿Y la calle Luz?

—Lo seño Lu vive pa'bajo, ceqquita su molino.

—¿Qué molino?

—Do mole lo trigo, pegaitico la bahía.

Claudia trató de hacerse una imagen mental de lo que Muba le explicaba. Era obvio que había llegado a un tiempo donde la calle Luz no existía. Muba no había entendido su pregunta sobre la calle, pero su respuesta le permitió a Claudia deducir que existía un señor de apellido Luz viviendo en la futura calle Luz. Y resultaba evidente que el tal señor debía de ser rico si poseía un molino cerca de la bahía que seguramente usaba la fuerza del agua que bajaba por aquella zanja. Sólo alguien así tendría el suficiente poder o fama para dejar su apellido en una calle.

—Muba, si la calle Luz no existe, ¿cómo se llama esa parte?

—Calle de lo Molino.

La negra caminaba con paso lento.

—¿Adónde vamos?

Yo tu señatte aggo: tu lugá.

—¿Mi lugar? ¿Qué quieres decir?

La negra se detuvo. La miró un instante, con las manos en jarra y luego abrió los brazos como si quisiera abarcar la ciudad.

—Eto. To eto. Lugá donde tú viví. Tiene que velo.

—Ya lo he visto...

—Pero no conoce. Tú va conocé hoy. Yo ta señá...

Y Muba le enseñó su ciudad; esa que nunca había conocido, pese a haberla caminado tanto. Le mostró sus calles a medio hacer y las huertas que ocupaban grandes extensiones. Donde más tarde se alzarían mansiones antiguas y solares apuntalados, ahora florecían unos terrenos que Muba llamaba «ranchos» y «estancias». En ellos las familias más ricas tenían sus fincas de recreo. Casi toda la zona al sur de la zanja —de la futura calle Luz—, que para Claudia era el barrio de Paula, era un conjunto de fincas llenas de exuberante vegetación. Dirigiéndose al norte, Muba le mostró otra zona de terrenos vírgenes, en lo que Claudia calculó que sería el centro de La Habana Vieja. La negra le explicó que había muchas más estancias en la zona exterior a las murallas, por el monte Vedado... Claudia la acribilló a preguntas; pero la negra no conocía mucho del mundo fuera de las murallas. Sólo sabía que aquel monte era un sitio prohibido. Después de que un pirata francés tomara e incendiara La Habana, penetrando desde la costa por la caleta de Juan Guillén, se prohibió que ningún ciudadano cruzara el monte aledaño a las murallas para no abrir caminos que facilitaran la entrada a desconocidos. Claudia supuso que el episodio se refería a Jacques de Sores, que había incendiado la villa a mediados del siglo XVI. Tras indagar un poco, creyó entender que el pirata había penetrado por la zona donde hoy está el Torreón de San Lázaro, cerca del parque Maceo, que antiguamente había sido una especie de península unida a tierra por un estrecho terreno. Valiéndose de los senderos abiertos por el ganado y por los propios lugareños, el pirata y sus acólitos llegaron a la zona urbanizada. Las murallas no existían entonces y los franceses hicieron de las suyas, robando, incendiando y violando, para dejar incluso alguno que otro retoño de sangre francesa en la ciudad. Claudia quiso saber quién era ese Juan Guillén, que le había dado nombre a la caleta que después fuera de San Lázaro, pero Muba no supo darle razón.

Lo que sí sabía la negra, y muy bien, era la historia de todas esas callecitas de intramuros, porque ella misma había asistido a su nacimiento y evolución. Claudia se enteró de que la calle Lamparilla debía su nombre a un piadoso ciudadano que todas las noches encendía una lámpara votiva a las ánimas junto a una ventana de su casa, situada en la esquina donde hoy esa vía se cruza con la calle Habana. La de Oficios había albergado infinidad de talleres artesanales donde los lugareños acudían en busca de plateros, herreros, carpinteros, fundidores, orfebres y otros servicios de gran utilidad en la colonia. Esta apoteosis de talleres en la zona se debía a que la calle enlazaba dos de los más importantes centros vitales de la época: la Plaza de Armas y la Plaza de San Francisco. Claudia vio el hervidero de quitrines, paseantes, carretillas, vendedores ambulantes, calesas... El bullicio no tenía nada que envidiarle al de las calles de su propia Habana llena de bicicletas, peatones y vehículos motorizados que ensuciaban el ambiente con sus escapes tóxicos. Pero aquel de la colonia era un aire fresco que olía a mamoncillos y a plátanos, a cebollinos y a culantro, a mangos y a piñas, pregonados por los verduleros desde sus carretones. Llegaron casi al final y doblaron por Sol, que en la época de Muba se llamaba calle de la Pólvora, pues hacia allí se había trasladado el polvorín del castillo de La Fuerza. El nombre definitivo nacería más tarde cuando se abriera una bodega con un sol pintado en su fachada, en la esquina donde se cruzaba con Aguacate. Pero antes de llegar a ese punto pasaron junto al convento de Santa Clara, cuyos muros blancos se le antojaron a Claudia más majestuosos en su verdadero carácter claustral que en su papel como Centro de Restauración y Museología, como ella lo conocía. Imaginó a las novicias recorriendo el patio que ella misma había cruzado en más de una ocasión. Años después huiría de aquel convento, con ayuda de una monja llamada sor Inés, la futura condesa de Merlín, adolescente habanera de carácter rebelde que algún día escribiría sus memorias. Claudia respiró con fuerza, queriendo absorber toda aquella historia que por primera vez aparecía ante sus ojos como algo realmente suyo. Al llegar a Aguacate, doblaron hacia el sur. Una cuadra más abajo, donde la calle moría al cruzarse con Luz, Muba se detuvo frente a una de las tapias del convento de Belén y señaló un árbol que sobrepasaba el muro. Claudia comprendió que aquel espectacular gigante era el culpable del nombre que llevaría la calle, pero no recordaba haberlo visto en su época. Con toda seguridad, había muerto o lo habían cortado antes de que ella naciera.

Continuaron el recorrido mientras Muba indicaba nuevos detalles. ¿Para qué? Claudia no lo sabía y tampoco le importaba. Como hiciera Virgilio con Dante, así la llevaba su guía por regiones inexploradas. Pero el suyo era un viaje distinto porque su lazarillo no era el espíritu de un poeta clásico, sino el fantasma de una negra que naciera en alguna región de África occidental; y no era el infierno la región por la que ambas transitaban, sino una ciudad de sabor paradisíaco. Claudia se sentía como si hubiera regresado al vientre de su madre. Segura de que nadie las veía —lo cual habría sido un problema dado su ajustado atuendo de látex rojo—, preguntaba, atisbaba y escudriñaba como si quisiera devorar cada muro, cada casa, cada esquina de esas calles tan nuevas, pero tan suyas.

De pronto, la Plaza de Armas se abrió ante ellas. Claudia divisó otra vez la estructura repellada y reluciente del Palacio del Segundo Cabo, y también la del Palacio de los Capitanes Generales que ya había sustituido a la iglesia en ruinas de su visión anterior. Un cambio de olores le indicó a Claudia que acababa de atravesar una puerta invisible hacia otra época; también lo notó por la súbita variación de la vestimenta y de las construcciones. Había llegado a una Plaza de Armas muy posterior a las calles que acababa de recorrer —incluso el Templete ya existía—; pero aún no se trataba de la plaza que le era tan familiar. La estatua que ocupaba el centro del parque no era la del Padre de la Patria, sino la de un caballero —¿un rey, quizás?— de capa ancha y pesada. Tampoco distinguió las cuatro fuentecillas que servían de bebedero a los gorriones.

—Muba, ¿hasta cuándo vamos a seguir? Estoy cansada.

—Ya temmina dippué deto.

Claudia la siguió hasta los portales del Instituto del Libro... o mejor, del Palacio del Segundo Cabo. Allí la negra se apostó en la esquina del portal, desde la cual puede verse toda O'Reilly en su camino hacia el Parque Central. Bajo aquel mismo arco la propia Claudia había aguardado muchas veces a que pasara algún torrencial aguacero, como esos que en otra época inundaban la zona aledaña a la Plazuela de la Ciénaga. Más allá de los conocidos muros del Palacio de los Capitanes Generales se alzaba la torre de una iglesia hermosísima que ella jamás había visto.

—Ahí ta cura dominico —le dijo la negra.

Tras revolver su memoria, Claudia llegó a la conclusión de que aquel edificio debía ser el legendario convento de Santo Domingo con su maravillosa torre de tres cuerpos, una de las más elevadas de La Habana de intramuros. Ella había conocido parte de su historia cuando se le ocurrió indagar la razón de un humilde monumento que se alzaba en la calle Obispo, casi a flor de suelo. Allí se enteró de que la campana que lo adornaba había pertenecido al antiguo convento de los frailes dominicos, demolido a principios del siglo xx después de una azarosa historia.

—Ombre mata su píritu —dijo la negra con una tristeza inusual en ella—. Ombre se queda sin podé pol detruí lo aché di ancejtro.

Claudia dejó de contemplar la torre para observar a Muba. ¿Qué quería decir con eso de que el hombre mataba su espíritu? ¿A qué le llamaba ella el aché de sus ancestros? ¿Y por qué el hombre se quedaba sin poder cuando lo destruía? No es que no supiera lo que era el aché. Como todo cubano que se respetara, ella manejaba ese viejo concepto africano. El aché era la fuerza, la virtud, la gracia, la buena fortuna... Claudia prefería traducirlo a un lenguaje más acuariano: vibración positiva. Pero, de todos modos, no entendió a qué se refería Muba.

La negra caminó lentamente en dirección a la iglesia, cuya entrada principal parecía hallarse en la propia O'Reilly. Al llegar a la esquina, Claudia divisó otra entrada: un portón barroco y monumental. Custodiando el arco de la puerta, un par de columnas sostenían las figuras de dos santos. En el centro de ambos, en lo alto, otra portezuela enclavada en la pared también era custodiada por sendas columnas más pequeñas que albergaban a un tercero. La negra explicó en su arcaica lengua que la estatua central era santo Domingo de Guzmán, y que sus custodios eran santo Tomás de Aquino y san Pedro Mártir. Entraron a la nave, moviéndose entre las mujeres de vestidos crujientes y velos tejidos que rezaban aisladamente en los bancos de madera, sin que ninguna reparara en ellas. Sin embargo, a Claudia le pareció que las paredes abovedadas le devolvían el eco de sus pasos sobre aquellas losas dispuestas a manera de enorme tablero de ajedrez.

¿Era su visión un sueño o un milagro que su ángel le había otorgado? ¿Y por qué aquella mujer era siempre su guía? Tal vez los ángeles fueran almas que adoptaran a alguna criatura, según sus necesidades. Claudia siempre había estado ávida por conocer la ciudad donde había nacido; una ciudad cuya historia, sin embargo, le había sido escamoteada. Quizás eso explicara que su ángel fuese aquella negra conocedora de La Habana que ella presentía, pero que nadie le había mostrado.

—Orisha mayó dice que tú debi sabé —le aseguró la muerta, atrayéndola de nuevo hacia el exterior.

Bueno, pensó Claudia, que el Orisha Mayor le mostrara; ella estaba allí para aprender. Y apenas lo hubo pensado, el conocimiento comenzó a brotar de sí misma. Supo que en el convento había funcionado la primera universidad, mucho antes de que se construyera la otra donde ella misma había estudiado; luego los dominicos abandonaron el lugar, y el convento fue utilizado para otras actividades. Las imágenes se sucedían con rapidez casi insalvable, como un filme pasado a alta velocidad. Hubo cambios en el aspecto de quienes salían y entraban del edificio hasta que empezaron a llegar los jóvenes, casi adolescentes. El tiempo pareció detenerse. Se fijó en un muchacho de facciones delicadas que salía de lo que ahora parecía ser una escuela secundaria. Bajo el brazo llevaba un montón de impresos o periódicos, y hasta pudo leer el título que se repetía en cada hoja: *El Siboney*, y una fecha: 1868.

—¡Pepe! —escuchó a otros que lo llamaban.

Él se volvió y saludó con un brazo, deteniéndose para dar tiempo a que el resto se le uniera. El corazón de Claudia dio un vuelco. Aquella criatura se parecía demasiado a la foto que invariablemente colgaba de todas las aulas cubanas desde época inmemorial. ¿Era eso lo que el Orisha Mayor quería mostrarle? La visión se esfumó. Ahora el instituto era un organismo oficial, a juzgar por la abundancia de uniformes militares en sus predios; quizás una estación de policía... hasta que ocurrió algo terrible: en un santiamén apareció una brigada de hombres que demolió la hermosa torre con su campanario. Era como si se aprestaran a preparar el terreno para otra construcción que nunca llegó a efectuarse. Las labores de demolición se detuvieron, y Claudia asistió al envilecimiento del convento que poco a poco se fue poblando de familias indigentes.

—Ahí ta lo solá de revebbero —susurró la negra.

¿El solar del reverbero? ¿Había existido entonces? ¿A eso había quedado reducido el majestuoso convento de los dominicos, otrora primera universidad, otrora instituto donde estudiara el joven José Martí: a un solar del que apenas perduraba la anécdota inscrita en la mitología popular? ¿Era eso lo que el Orisha Mayor quería mostrarle? ¿Para qué? No lo supo hasta que vio el sitio demolido y abandonado, y luego el humilde aparejo con su campana —la misma que antaño doblara sobre los tejados de la ciudad más seductora—. Entonces comprendió lo que debía aprender: que el esplendor de su pasado y la maravilla de su historia habían terminado en ruinas por la idiotez de algunos hombres. Pero también descubrió algo más.

Se acercó al monumento, ignorando las bicicletas y los piropos de los transeúntes, y tendió sus manos hacia el soporte donde estaba la vieja campana, como si hiciera un frío glaciar y ella tratara de calentarse con el calor que surgía de su superficie... Allí estaba la energía, la potencia, el aché que brotaba del antiguo metal. Efluvios de vida. Cantos de sus ancestros yorubas y celtas. Legado que persistía en la calidez que besaba sus dedos, invadía su piel y avanzaba hasta el fondo de ella, clavándose en ese punto ovárico donde respiraba el mismísimo Dios. Entonces supo que aquel pasado, aunque desaparecido, siempre seguiría junto a ella, invisible como Muba, aunque capaz de hacerle notar su presencia pese a cualquier realidad.

3

Anoche hubo luna llena. Mi útero gritó a las cuatro de la madrugada como si fuera invierno. Él siempre avisa. Salté de la cama atacada por un súbito desvelo. David dormía tan quedamente que tuve que poner mi mano cerca de su boca para ver si respiraba. Los niños nunca roncan ni hacen ruido, y eso me espanta. Duermen como los ángeles, demasiado lejos de la vida... Me asomé a la ventana. La luna seguía aullando sobre los tejados rotos de La Habana y mis entrañas gemían como almas en pena. Era una señal. Me vestí a oscuras y salí. El patio central parecía iluminado por un ovni: todo azul y fosforescente. Romance de luna-luna que colgaba del firmamento como una nave gigantesca; visitante de otro mundo que siempre había estado allí, antes que nosotros, y que tal vez nos vería morir una muerte colectiva si no hacíamos algo pronto.

Anduve sin rumbo, o eso creí. Quizás caminaba sonámbula. Una sonámbula con insomnio. Me sentí como el personaje de Virgilio Piñera. Sólo que yo no me pegaría un tiro para librarme de mi forzosa vigilia. En primer lugar porque no tenía pistola; y en segundo, porque la luna quería decirme algo y yo no pararía hasta enterarme. De pronto la nave empezó a crecer. Su claridad se fue haciendo más y más cegadora como si la diosa nocturna se acercara a la Tierra para copular con ella. Yo me tapé los ojos, esperando el chorro de espermatozoides que caería del cielo y bañaría las calles y fecundaría las plantas y correría por las zanjas y los ríos para llegar al mar; pero la luz se apagó y me vi frente al Templete. No sé cómo llegué hasta allí; la verja estaba cerrada. Quizás me volví grillo y salté. Tampoco la luna aparecía por ninguna parte, pero su luz estaba junto a mí: salía de Muba. Ahí fue cuando empecé a sospechar que soñaba... Mi negra brillaba como un frasco cuajado de cocuyos. Se acercó al pilar de la Virgen y, al amparo de su resplandor, descubrí una inscripción que nunca antes había visto. Sin embargo, de todo el texto sólo una frase se me quedó grabada: «Mira, pues, y no perezca en lo porvenir la fe habanera.» La leí varias veces acariciándola con mis dedos. Noté la fecha. 1754. Su autor debió haber sido brujo —pariente de Nostradamus quizás— porque era premonitoria sobre lo único que hoy nos queda: la fe. Una fe sin amor; un amor que buscamos y que no logramos apresar.

Nos hemos vuelto autistas. No nos ha quedado más remedio que inventarnos un país interior con leyes que podamos manejar para tener al menos algo sobre qué decidir. Cuestión de supervivencia. A mí sólo me importa esta ciudad. Presiento que oculta el remanente de lo que fuimos, de lo que algún día volveremos a ser. Sus ruinas conservan lo que ya ha abandonado a quienes la habitamos: el orgullo, la esperanza, la posibilidad. Tal vez ése sea mi destino: convertirme en sacerdotisa de la otrora villa de San Cristóbal de La Habana; en una vestal que guarda sus secretos, que vigila en las noches para que no se extinga su llama. Eso me gustaría: acariciar sus piedras, entrar en sus iglesias, escuchar el ruido de los pasos sobre sus adoquines centenarios... Por eso prometí a Muba que yo cuidaría de esa fe. Te lo juro, mi negra linda, seré la sibila de tu Habana. Me haré pitonisa de esta ciudad para que su aliento no muera; para que alguien al menos recuerde lo que fuimos; para poder contar lo que tal vez somos; para que no desaparezcan los sueños de nuestros abuelos que un día desembarcaron aquí por voluntad propia o fueron arrancados de sus tórridas selvas o huyeron de los arrozales asiáticos o abandonaron sus guetos medievales o renunciaron a sus brisas mediterráneas, para venir todos juntos —por las buenas o las malas— a regar con sus lágrimas y su sangre esta tierra: la más mágica, la más hermosa que ojos humanos vieran.

4

—Se robaron otra lancha.

A las cinco de la tarde, el bar se hallaba tan animado como si se tratara de un cabaret a medianoche.

—¿Otra más? ¿De Regla o de Casablanca?

—No es de las que cruzan la bahía, sino un remolcador.

La vitrola —una reliquia faraónica que tenía más edad que la mayoría de quienes ahora coreaban sus canciones— derramaba hasta la acera su nostalgia de otro mundo.

—Pero ésta la hundieron.

—¿Cómo que se hundió?

—¿No me entendiste o hablo en chino? —el tono de Gilberto se volvió súbitamente sombrío—. No se hundió. La hundieron y se ahogaron montones. Hasta niños.

Rubén se había quedado con el vaso de ron en el aire.

—¿Tú estás seguro? Mira que la gente...

No es una bola —lo interrumpió Gilberto, y el otro comprendió entonces que su tono era de rabia—. Un sobrino de Toño, un niñito que a veces iba a llevarnos café a la carnicería, iba en ella. La madre y la hermanita también se ahogaron... Y los muy hijos de puta los miraron hundirse y no hicieron nada.

Rubén notó que la sangre abandonaba su rostro y que una frialdad desagradable le llenaba las manos.

—De pinga, compadre —se tragó de golpe el ron que quedaba en su vaso—. Ahora sí que apretaron.

—La gente anda en la calle que trina. Esto se va a poner malo muy pronto.

—¿Malo cómo?

—No sé, pero yo siento algo raro en el aire.

Durante unos segundos guardaron silencio. Sólo entonces Rubén advirtió, por encima del coro permanente de borrachos, un vacío denso y helado. Con disimulo observó las mesas donde grupos de hombres conversaban quedamente. Algún visitante ocasional no habría captado nada especial en sus rostros; pero para

Rubén no pasaron inadvertidas las expresiones taciturnas, el ambiente cargado y las miradas que observaban sigilosas el entorno, como si quisieran asegurarse de que nadie era testigo de sus confidencias.

—Rubén, tú has sido como un hermano todos estos meses... Mejor que un hermano. —Gilberto había bajado tanto la voz que apenas si se le escuchaba—. Voy a confiar en ti porque a lo mejor también te interesa y no me gustaría callarme sabiendo que pude darte una luz. No me perdonaría dejártela en la mano después de lo que has pasado.

—Acaba de soltarla.

—Estoy pensando en irme.

Eso fue todo. En cualquier otro lugar del universo, después de esa frase vendría la pregunta «¿Adónde?», porque la gente que vive en el mundo normal puede irse de vacaciones, marcharse a otra ciudad, hacer giras turísticas o sencillamente cambiar de aires. En Cuba, esa frase sólo puede significar una cosa.

—¿En balsa?

—En lo que sea: en una rueda de camión, en una caja de bacalao... Me da igual.

—¿Ya tienes fecha?

Lo preguntó con naturalidad, como si hubiera dicho «¿Ya compraste el pasaje?».

—Todavía no, pero estoy en un bisne ahí para conseguir unas tablas.

—Estás loco. ¿No me dijiste que te iba de lo mejor con el paladar?

—¿Tú te sientes bien aquí?

Rubén se encogió de hombros.

—Lo mío es distinto.

—A ver, explícame por qué.

—No hay nada que me ate a este sitio. Claudia ya no quiere nada conmigo. Además, casi no puedo moverme sin que me vigilen. Conseguir un pedacito de cuero es una angustia. Tengo que hacer mis negocios sigiliao. Esto no hay quien lo aguante.

—A mí me pasa lo mismo. Desde que se me ocurrió trabajar por cuenta propia, ahí mismo se jodió la bicicleta. Me siento vigilado todo el tiempo. Uno se frustra en lo personal, se frustra en su carrera, se frustra en su trabajo...

—Mi caso no es el tuyo. Por lo menos tú tienes a tus chamas.

—A los que nunca veo porque su madre se los llevó pa' casa del carajo. Sólo me quedaba la Mora, y ya ves: la historia de siempre. Te juro que si vuelvo a tropezarme con ella, la agarro por los moños y me la llevo a rastras como un cromañón.

—Todavía no veo que estés tan jodido como yo.

—Aunque el negocio me vaya bien, no todo en la vida es comer. Estoy harto de tener que pedir permiso cada dos segundos. Quiero ser yo algún día... Coño, Rubén, parece mentira que seas tú quien me diga eso. ¿O se te olvidó que estuviste dos años encerrado?

Rubén suspiró.

—A veces trato de convencerme de que no estoy tan mal. Creo que el día que lo admita, terminaré por ahorcarme. Tengo como una tendencia suicida, ¿lo sabías?

—Aquí todos tenemos tendencias suicidas —respondió Gilberto, más sombrío aún.

Durante unos segundos contemplaron sus vasos vacíos.

—Este ron a cappella me da asco —murmuró Gilberto finalmente, y añadió bajando la voz—: Creo que voy a pedir un «mentirita».

—Yo también.

—¡Socio! —gritó al mozo que servía tras la barra—. ¡Ponme aquí dos Cuba Libres!

5

Al principio trató de que Úrsula la acompañara, pero su amiga se negó.

—La madre Inés es una mujer muy dulce. No tienes por qué preocuparte.

Pero Claudia sabía que la madre Inés conocía su oficio, y a ella siempre la habían intimidado las monjas; no porque hubiera tenido alguna mala experiencia con alguna, todo lo contrario. Es que las monjas se le antojaban unas santas y siempre temía decir o hacer algo inapropiado. Recordó a Hildegard, su ídolo desde hacía varios meses, y le rogó que la dejara muda antes de pronunciar alguna blasfemia.

La madre Inés era exactamente lo que ella imaginaba: una criatura traslúcida e irreal, demasiado bondadosa para ser humana. Claudia tenía la experiencia necesaria para saber que su propia especie no era así.

—Perdona que no te haya atendido antes. Úrsula me tenía loca con que acabara de conocerte, pero la verdad es que el tiempo no nos alcanza.

—¿Mucho trabajo? —se atrevió a preguntar.

—No tienes idea. Sólo quedamos doscientas monjas haciendo el trabajo que antes hacían dos mil.

Claudia recordaba la época en que grupos de milicianos invadieron dos conventos cercanos... Bueno, lo recordaba porque su abuela se había encargado de comentarlo muchas veces con otras vecinas. En aquel momento, ella estaba recién nacida.

—Mira, hija, la Iglesia no tiene muchos recursos. Hacemos lo que podemos. Úrsula me explicó que necesitas un lugar para tu hijo... Es uno solo, ¿verdad? Aunque no nos permiten cuidar niños, hay muchos feligreses que nos ayudan. Te voy a dar una dirección. —Escribió en una hoja de papel—. Es la casa de una señora que vive en Centro Habana, pegada al Malecón. Se llama Julita. Hace tres meses se ofreció para ayudarnos en casos como el tuyo. Ya se encarga de cinco niños, pero dijo que podría aceptar otro más. Ella recibe una pensión; así es que aunque no puedas pagarle nada, para ella estará bien. De todas formas no lo hace por dinero, sino porque se siente muy sola y quiere hacer algo que la entretenga. El último hijo que le quedaba se fue para España hace seis meses.

—¿Hay alguna posibilidad de que yo pueda trabajar con ustedes, aunque sea limpiando pisos?

—Úrsula me contó que eras licenciada en Historia del Arte —la mujer suspiró—. ¡Qué vergüenza! A lo que hemos llegado...

Claudia no supo si se refería al hecho de que una licenciada fuera jinetera o a que solicitara trabajo para limpiar pisos.

—¿Sabes escribir a máquina? —preguntó la monja—. A lo mejor puedo conseguirte un puesto de secretaria en una parroquia... Si mis años no me hacen imaginar cosas, creo que en el obispado necesitaban a una oficinista. ¿Por qué no me llamas dentro de unos días?

—Se lo agradezco mucho, pero si no apareciera un trabajo de oficina me da igual limpiar pisos que cocinar o que cortar yerba en un convento. Cualquier cosa con tal de...

—Voy a hacer todo lo posible.

Cuando salió a la calle, estuvo a punto de gritar de alivio. David ya tenía un sitio donde lo cuidarían y ella se encontraba libre para realizar un trabajo normal... aunque fuera un trabajo humilde, oscuro e insignificante, acorde con su condición de «antisocial» que había quedado acuñada en su expediente.

Se subió a la primera guagua que pasó. Mientras trataba de ignorar los empujones, los gritos, el calor y los habituales rozamientos masculinos —algunos involuntarios y otros intencionales— que provocaban las consabidas protestas femeninas, y a veces algún galletazo a la cara del «fresco y atrevido», comprendió que no tenía por qué esperar una respuesta. Decidió llegarse a Las Bulerías para averiguar sobre aquel puesto del que le habían hablado.

Se bajó en La Rampa y subió la lomita hasta L, dobló hacia la izquierda y cruzó la calle. Varias personas esperaban su turno en los escalones del restaurante. Pasó a través de los hambrientos comensales y fue directo a la cocina. No, el puesto ya no existía; pero podía ir a Vita Nuova: allí necesitaban a alguien.

Salió de nuevo a la luz. Por un instante se quedó mirando la silueta del Habana Libre, que había pertenecido a un sindicato de trabajadores antes de que ella naciera. Más tarde el hotel había sido confiscado por el nuevo gobierno para «disfrute del pueblo trabajador». *Tengo, vamos a ver, tengo el gusto de andar por mi país, dueño de cuanto hay en él.* Pero cuando comenzó el turismo extranjero, se prohibió la entrada a los cubanos. *Tengo, vamos a ver, que nadie me puede detener a la puerta de un dancing o de un bar. O bien en la carpeta de un hotel, gritarme que no hay pieza, una mínima pieza y no una pieza colosal, una pequeña pieza donde yo pueda descansar.* Ahora se rumoreaba que el gobierno pensaba venderlo a un empresario europeo; y a esta venta seguirían otras. *Tengo, vamos a ver, tengo lo que tenía que tener...* Estuvo a punto de gritar: «Guillén, me cago en tu madre.» Después lo pensó mejor. A lo mejor el viejo nunca imaginó lo que vendría después; en verdad nadie había podido imaginarlo. Hasta su maldito poema estaba prohibido ahora por subversivo.

No tenía ganas de caminar hasta la pizzería. Bueno, haría un último intento. Si fallaba, se iría a su casa a esperar unos días por la madre Inés. Cruzó 23 y caminó bajo los arbolitos de Coppelia. Ni siquiera se fijó en la acostumbrada fila de jóvenes que conversaban recostados en la verja de hierro.

—Ojos que te vieron ir y nunca te verán volver.

Se dio vuelta como un relámpago al reconocer la voz.

—Ay, Aquiles.

—Eh, niña, ¿y esa emoción? Arre, echa pa'llá... No me abraces así en público. Mira que después el resto de las locas me va a eliminar por perversa.

—Es que me tenías de lo más preocupada.

—¿Y eso?

—Por lo del remolcador.

—M'hija, pero si yo te dije que lo mío era la lanchita.

—Sí, pero yo creí...

La agarró por un brazo y la separó del grupo.

—No me lo vas a creer —susurró—. Un socio me dijo que estuviera en cierto lugar ese día. Después me enteré que allí se había subido la gente al remolcador...

Claudia abrió la boca, pero el espanto no la dejó articular sonido.

—Lo que pasa es que yo tengo un aché de madre. Ese día mi coronel me llamó y dijo que tenía que verme de todas-todas; y como el otro no me había dicho nada en concreto, pensé que era una falsa alarma. Ya me habían dado como cuatro, así es que no fui... de lo que me alegro.

—Gracias a Dios. ¿Te imaginas si te hubiera pasado como a Ernesto?

—¿Ernesto? ¿Qué le pasó?

Claudia se mordió la lengua. Demasiado tarde. Tuvo que contárselo allí mismo. Aquiles la escuchó cada vez más pálido.

—Yo no sabía... no sabía... ¿Por qué nadie me lo dijo?

—A lo mejor todos creían que ya estabas enterado.

El muchacho se recostó en la verja durante unos segundos.

—Creo que me voy a casa. ¿Vienes conmigo?

—No puedo.

—¿Qué vas a hacer ahora?

—Buscar trabajo.

Él se la quedó mirando, como si le costara comprender de qué hablaba.

—¿Y David?

—Ya tengo quien me lo cuide... O tendré. Debo pasar antes por una dirección que me dieron.

—Que tengas suerte.

Se besaron antes de separarse. Ella siguió hacia 21 y el muchacho se encaminó a 23, casi sin dar explicaciones, pese a la protesta de sus amigos.

La pizzería estaba cerrada por reparaciones.

—Pero si hace dos meses la restauraron —le insistió Claudia a una especie de portero que deambulaba por el lugar.

—Hay problemas con las tuberías.

Volvió sobre sus pasos. Este país era un viacrucis. Santa Claudia de La Habana Vieja. Esperaba el otorgamiento del título cuando el Vaticano se enterara de su martirologio. A Cuba le hacía falta una santa, aunque no fuera virgen.

Tomó otra guagua que la dejó en el Paseo del Prado, cerca de aquella mítica zona de Colón, el barrio de las putas antes de la revolución. En el pasado, las putas estaban concentradas en unas pocas manzanas de aquel barrio. Hoy, en cambio, todo era distinto. La isla entera se había convertido en un burdel donde sus pupilas eran ingenieras y doctoras. Un logro que merecía ser reconocido.

Claudia caminó por las estrechas callejuelas y trató de adivinar cómo sería aquel sitio en la época en que sus padres eran jóvenes, pero no pudo. Las casas no se diferenciaban en nada a las del resto de la ciudad: la misma atmósfera de ruina, el mismo cansancio en los rostros... La entrada era una doble puerta. Por la derecha se llegaba a un patio; la izquierda daba acceso a una escalera por la cual subió Claudia, siguiendo las indicaciones del papel. Una mujer de edad indefinida la recibió.

—Pasa, hija. Ya la madre me llamó para contarme, pero no pensé que vendrías tan pronto.

La llevó a la sala. Muros descascarados por la humedad; muebles prehistóricos; murales de azulejos al estilo colonial con diseños moriscos que cubrían las paredes desde el suelo hasta casi metro y medio de altura; ventanales enormes por donde penetraba la brisa del mar, protegidos por tela metálica...

—Es para evitar que los niños se asomen —explicó la mujer al notar la mirada de Claudia.

Todo muy limpio. Ni rastro de polvo en los muebles.

—Ven por aquí.

La condujo por un pasillo hasta una habitación al fondo. Antes de entrar, la mujer se puso un dedo en la boca. Claudia entró de puntillas. Cinco criaturas dormían la siesta en dos grandes camas. La mujer dejó que

Claudia observara la escena unos segundos y luego la empujó suavemente hacia la sala.

—Yo creo en los buenos hábitos —dijo cuando llegó al otro lado del pasillo—. A mí me enseñaron que los niños deben dormir la siesta, y así crié yo a los míos. Por lo menos hasta que no entren en una escuela, los pobrecitos tendrán su pedacito de infancia.

—¿Cuándo le puedo traer a David?

—¿Qué edad tiene?

—Casi tres años.

—Tengo entendido que todavía no estás trabajando.

—No, y ése es otro problema. No sé cuándo podré pagarle, ni siquiera si podré pagarle mucho.

—Olvídate de eso. Te lo preguntaba para ver si te sería posible quedarte un poco con él los primeros días. Es mejor para un niño pequeño. Así se acostumbrará mejor a la casa y a mí.

A Claudia le encantó la idea. Bajó las escaleras con paso ligero, aliviada y feliz. En la parada esperó media hora. Ya casi había decidido irse a pie cuando logró treparse a una guagua. Diez minutos después subía por Luz.

—Georgina, ya llegué —le gritó desde el patio a su vecina—. Voy a bañarme y en seguida recojo al niño.

Entró a su cuartico y se puso a revolver las gavetas. Miró el reloj por encima de su hombro. Casi las cuatro. El día se le había ido sin darse cuenta. Fue al tanque de agua que ya estaba casi vacío y sacó un cubo. Tenía que apurarse si quería evitar la cola para bañarse. Tomó un jabón y envolvió su ropa interior en una toalla; se quitó los zapatos y se puso unas chancletas. Por un momento se quedó mirando las florecitas plásticas que adornaban la tira entre los dedos y olió el aroma penetrante del jabón bajo la toalla. Pronto carecería de esos lujos: los jabones acabarían por gastarse, sus zapatos se romperían y, lo peor, se quedaría sin ropa interior. David tendría que renunciar a sus compotas. Cerró los ojos y apretó la toalla contra su pecho. Su agotamiento era interminable. No había manera de detener esa caída. Cuando nada parecía capaz de hundirla más, aparecía un nuevo motivo de depresión.

Algo rozó sus hombros. Se apartó de un salto, sin dejar de aferrarse a las ropas que llevaba en las manos. Allí estaba otra vez... y supo que era él quien ponía esos pensamientos en su cabeza.

—No voy a volver a la calle —aseguró apretando los dientes—. Aunque no sea más que por joderte, no voy a volver.

La entidad la observó tras el velo de su propia dimensión. Claudia estuvo segura de que sus ojillos brillaron de odio.

—Vas a volver —susurró el aire—. Vas a volver...

—Vete a la mierda.

Lo vio extender el brazo, tocarla casi, pero un muro invisible o una fuerza se lo impidió. Ella adivinó la frustración en su mirada y entonces comenzó a reír. De odio. Antes había llorado de alegría, pero nunca había sentido un odio tan grande que la hiciera reír como una loca. Qué alivio. El fantasma se enfureció. Una cazuela voló y fue a estrellarse contra la pared. Ella se sobresaltó, pero en seguida comprendió que el gesto sólo era una señal de impotencia y eso le dio más risa.

—Eres una puta —murmuró el viento de la tarde—. Alguna noche de éstas volverás a tenerme entre tus piernas.

—Nunca más —casi se ahogó de la risa—. Nunca más...

Y presintió, mientras lo veía desvanecerse, que jamás lo vería de nuevo.

6

Cuando yo era muy niña miraba con envidia las pañoletas de los alumnos que estaban en grados superiores. Soñaba con el día en que haría mi juramento frente a la bandera. *Pioneros por el comunismo: seremos como el Che.* Lo diferente era sospechoso, y no ser pionera me acercaba peligrosamente a esos marginados —esos apátridas— contra los que nos advertían en clase. Yo no tenía edad para ser pionera, pero eso no era obstáculo para que ya sintiera la Culpa. Creía en la incapacidad adulta para mentir y estaba convencida de que un comunista era lo más parecido a un ángel. Logré mantener esa ilusión hasta la universidad. En todo ese tiempo no vi ni escuché nada que me hiciera dudar. Cierto que me llegaron algunos rumores tenebrosos, pero eran demasiado macabros para que pudiesen ser ciertos. Mi imaginación o mi experiencia no habían crecido lo suficiente como para aceptar semejantes historias; ni siquiera indagué un poco más en las fuentes que me hubieran llevado a descubrir lo que más tarde terminé por saber: que esa doctrina —en todas las latitudes, en todas las culturas— siempre adolece del mismo problema: no es humanamente practicable. Algo sucede que a la larga arroja un resultado completamente opuesto a la intención original. Un cineasta de mi país lo resumió en una frase: «El comunismo tiene un guión maravilloso, pero la puesta en escena es un desastre.» Lo comprobé cuando vi mi primer acto de repudio en las escaleras de la facultad donde estudiaba. Una muchacha, a quien sólo conocía de vista, estaba acorralada por una multitud de estudiantes y maestros que le gritaban horrores y la insultaban mientras ella permanecía aterrada, sin atreverse a protestar. Atónita, observé los rostros de mis maestros y de los risueños estudiantes a los que yo creía conocer, y me espanté al descubrir que quienes dirigían el motín, quienes alentaban a gritar, a golpear, a arrojar objetos, eran los dirigentes de esa Juventud Comunista a la cual yo había querido pertenecer. Fue una suerte que nunca lo lograra debido a los informes negativos que llovían sobre mí: era demasiado rebelde, demasiado conflictiva, demasiado contestataria. Y eso que yo trataba de callar, de bajar la cabeza, de decir sí lo más posible. Anhelaba sinceramente ser uno de los constructores del futuro paraíso... hasta esa tarde.

Entonces decidí alejarme del «buen camino» y pronto me di cuenta de que no era la única. Encontré a centenares como yo que aparentaban acatar las órdenes para luego violarlas a espaldas de la autoridad. Lobitos disfrazados de ovejas: en eso nos transformamos. Eso seguimos siendo. Los periodistas que vienen del extranjero nos preguntan y les mentimos descaradamente. Hace poco, uno de ellos trataba de que alguien respondiera a su pregunta: *¿Qué opina usted del transporte en Cuba?* ¡Y en medio de Coppelia! Como si uno estuviera loco. ¿No ve que él se va y una se queda? Todos le viraban la espalda, se agachaban a recoger algo del suelo, miraban al cielo, se hacían los locos. El pobre tipo no entendía nada. Llegó a mí. *Lo siento, no tengo opinión.* Una vieja detrás de mí: *Bueno, hay algunos problemas, pero están en vías de resolverse.* Y cuando el tipo se fue con su cámara a cuestas, la mujer murmuró: *¡Solavaya! Ni que fuera tarada para decirle que aquí se arreglará todo cuando se muera ese cabrón...* La mentira es un requisito para la supervivencia. Pero me pregunto cómo tales respuestas no llaman la atención a quienes aún piensan que somos el edén prometido. ¿No les resultan raras esas votaciones donde todo el mundo aprueba, nadie está en contra y nadie se abstiene? ¿O es que sólo tienen buena voluntad y ningún cerebro?

Ya sé que los caminos del Señor son inescrutables, pero yo me he cansado de andar por ellos. He deambulado a la caza de alimento, como una fiera: mujer-loba que sale de noche en busca de víctimas mientras intenta redescubrir su espíritu, o al menos sus recovecos. Ando en busca del Orisha Mayor, de la Gran Madre, del Supremo Arquitecto, de Aquello que pueda cubrir con su sombra esta otra que nos ha cegado. Aceptaré cualquier cosa que aparezca porque el hambre de un ángel en desgracia es voraz; pero sospecho que Dios se ha marchado. Tal vez esté perplejo, adolorido. Quizás Él también tenga miedo de una monstruosidad que su inteligencia no logra entender. Sólo ha dejado pequeñas huellas —señales difíciles— que hemos ido recogiendo como las miguitas de Hansel, con la esperanza de que nos conduzcan a la salida del bosque. Cada cual ha encontrado la suya. Pero quienes logramos aprehenderlas, hemos empezado a descubrirnos.

Mi generación comenzó a juntar esos pedacitos de Dios, esos fragmentos de luz regados por el mundo. Bajo un árbol hallé los caracoles de un oráculo africano; sobre una mesa me hablaron los espíritus; en un sueño vi ángeles; en la luna descubrí el rostro de la Madre; tuve visiones del pasado... Dios se me ha ido apareciendo poco a poco y su presencia crece en mí como un fuego refrescante. Él es unos dedos invisibles que rozan mi sexo, una vibración interna que late como un hijo que me va a nacer. Estoy creando a Dios y noto cómo madura dentro de mí. Contemplo los balcones agrietados, los muros destruidos, los techos apuntalados, y lo percibo derramando su aché sobre la ciudad. Pero es un soplo de resplandores que siempre termina por escabullirse. Lo busco, lo llamo, le grito desde mi alma, pero Él se oculta en el corazón de las ruinas que levantaron mis antepasados. La mañana se oscurece de nuevo. No hay escape del paraíso... Olofi, Olofi, ¿por qué me has abandonado?

7

En menos de una semana David jugaba como uno más entre los otros niños, resultado del plan que Julia había elaborado. El primer día, Claudia llegó con él; se sentó en la sala, donde a esa hora jugaban las otras criaturas, y estuvo dos horas conversando mientras David miraba y, tras un rato, se incorporaba al grupo. Ella esperó diez minutos y, en lo mejor de una carrera de autos hecha con cajas de fósforos, anunció que era hora de que ambos se fueran. Al día siguiente repitió la operación; sólo que, apenas llegaron, David se tiró al suelo junto a los demás. El tercer día, mientras él jugaba, ella hizo como que se marchaba sola. El niño empezó a gimotear, pero Claudia le dijo que iba un momento abajo y salió sin más. Él lloró un rato hasta que ella regresó, lo tomó en brazos y siguió hablando como si nada. Las tres sesiones siguientes fueron por el estilo; únicamente que el tiempo de ausencia se fue prolongando de día en día hasta alcanzar las tres horas. Para entonces, ya el niño ni se daba cuenta de su retirada.

Una tarde, mientras salía durante dos horas, aprovechó para llamar desde un teléfono público a la madre Inés. Después de una peregrinación forzosa, encontró uno que funcionaba y cuya ranura no estaba atascada de monedas... La monja le explicó que por el momento no había nada; pero quizás el mes próximo hubiera una plaza de limpieza en una parroquia. Claudia le dio las gracias y le anunció que saldría a buscar trabajo.

Lo encontró en una pizzería de su vecindario: un lugar mugriento, lleno de cucarachas y ratones como el resto de La Habana Vieja, pero un trabajo al fin y al cabo. No tardó una semana en enterarse de que allí también se robaba al por mayor. Por eso las pizzas no tenían suficiente salsa de tomate, ni los espaguetis suficiente queso, ni las lasañas suficiente relleno. El administrador era el primero. Claudia lo conocía vagamente porque habían estudiado juntos en la secundaria. Gracias a eso, obtuvo la plaza en la línea de despachar comida y pronto se integró al resto del colectivo, es decir, se sumó al proceso de contrabandear con la harina, el queso, los tomates y los escasos productos que llegaban de algún sitio indeterminado. Allí era tan fácil disponer de la mercancía como en cualquier otro sitio donde el estado es dueño único y, por tanto, a nadie le importa el desastre. Algunos preferían llevarse la malta a granel que era descargada directamente desde un camión-cisterna a los tanques refrigerados; otros, la salsa de tomate; y otros, la harina. Claudia, por su vínculo con el despacho de espaguetis, tuvo acceso amplio al queso. Pronto sospechó que había descubierto la gallina de los huevos de oro, cuando se dio cuenta de que no tendría por qué renunciar a sus lujos de antes. Ahora que todo el mundo traficaba en dólares ella empezó a vender el queso a cambio de los billetes verdes. Cierto que no conseguía tantos como antes, pero tenía los suficientes para que ella y David comieran y pudieran andar limpios. (¡Jabón! ¡Tendría jabón!) Hizo cálculos. La ropa interior resistiría cuatro o cinco años, si tenía suerte. Y en cuanto a los trapos del diario, podrían durarle media vida si no engordaba... lo cual era improbable dada su perenne dieta. Eso le permitiría vestir y calzar a su hijo. Ya no tendría necesidad de deshacerse de sus pequeños lujos: su cajita de maquillaje, sus desodorantes, ni siquiera de sus vestidos de noche. Podría justificarlo todo ante Rubén como producto de aquel trabajo que le permitía obtener dólares.

Soñaba despierta mientras iba rumbo a la pizzería, después de dejar al niño con Julia. Por supuesto, su nueva vida sería peligrosa: él con su negocio clandestino de artesanías, y ella vendiendo comida robada. Le hubiera gustado abrir un restaurante, una librería, cualquier cosa que le permitiera vivir sin sigilo; pero sólo los extranjeros estaban autorizados para negociar a sus anchas. El resto de la población no podía contagiarse con el virus de la libre empresa, el sida del comunismo; un sida que se había ido extendiendo subrepticiamente, a espaldas de la policía, y que infectaba cada vez más a los habitantes de la nación. Los negocios clandestinos iban en aumento, se sucedían las redadas; pero el número de portadores del virus seguía creciendo...

Claudia se detuvo a mitad de la calle. Le pareció ver a decenas de personas que corrían hacia un punto indefinido, dos cuadras más abajo, cerca de la Avenida del Puerto. ¿Estaría loca o se trataba de otra visión? Escuchó gritos que llegaron a ella, aunque no pudo entender qué decían. Volvió a emprender la marcha; primero despacio, concentrada en descifrar si se trataba de otro espejismo; luego más rápido, al convencerse de que era real. ¿Y ahora qué? ¿Se habrían robado otra lancha? ¿La habrían hundido? ¿Era un sabotaje, un atentado, una explosión?... Llegó al Malecón. No eran decenas ni centenares, sino miles de personas —en su mayoría jóvenes— las que corrían en todas direcciones portando carteles y clamando frases dispersas que poco a poco se convirtieron en una sola: *Libertad, libertad, libertad...* como en la canción de Willy Chirino que estaba prohibida, pero que todo el mundo oía.

De inmediato comprendió. La tensión acumulada en las últimas semanas tras el hundimiento del remolcador repleto de mujeres y niños, había finalmente estallado. Ahora la rabia escapaba a chorros como el vapor de una caldera sellada que encuentra una salida. La gente daba golpes en los capós de los escasos autos, casi todos de extranjeros, que contemplaban aterrados aquel armagedón llegado sin aviso a una islita donde —según las agencias de turismo— no existían tensiones sociales. Algunos muchachos viraban latones de basura, otros ya se enfrentaban a las primeras fuerzas de choque que llegaban al lugar y eran metidos en los carros-jaula. Pero la mayoría daba saltos, enormes e incansables saltos, como si se tratara de una multitud de pájaros cautivos que ahora deseara emprender el vuelo pese a que sus alas habían sido cortadas.

Claudia se quedó inmóvil, extasiada ante la belleza del espectáculo. Era algo que jamás había visto y sus ojos se llenaron de lágrimas. El tráfico de la avenida continuaba paralizado, las guaguas desviadas, la policía repartía palos a diestra y siniestra sin distinción de edad ni sexo; pero los gritos seguían llenando la brisa tórrida y salada de agosto con su único mantra posible, con el sueño más esperado: *Libertad, libertad, libertad...* Ella quiso gritar también, correr a saltos como un ave más de la bandada, emprender una carrera loca a ningún sitio. Era un sabor nuevo, un aroma nunca antes respirado, y no sabía qué hacer con esa sensación de euforia. En ese instante sospechó que no sólo estaba viendo un pedazo de su presente, sino un mundo que algún día terminaría por llegar.

8

—¿Dónde te metiste? —gruñó Gilberto—. Te busqué por todas partes.

—Tuve que ir a Batabanó por unos materiales.

—Coño, mi hermano, te perdiste el mejor día de tu vida.

—Ya lo sé —respondió Rubén, amoscado—. Todo el mundo se ha encargado de restregármelo en la cara.

Hablaban en susurros, excitados, sin dejar de mirar en torno, gesticulando nerviosamente mientras avanzaban rumbo al mar. A su alrededor, gentes en parejas o en grupos parecían compartir la misma expresión frenética y casi enajenada que se había adueñado de todos.

Tras aquel amago de rebelión, acallado a fuerza de

golpes, se había producido un cambio. Era una metamorfosis sutil, tan leve como un ala de sílfide, pero imposible de ignorar.

—Te lo dije —volvió a la carga Gilberto—. Yo sabía que algo grande iba a pasar... Ahora sí que me escapo.

El sol se convertía en un milagro de fuego. Naranja cuasi rojo. Color yema de huevo criollo, como el de una gallina que se ha criado en pleno monte comiendo porquería y bichos silvestres, y no harina rusa.

—¿Cómo piensas irte? —preguntó Rubén.

—¿No vas a venir?

—Es que si nos cogen... —Se detuvo al notar la expresión de Gilberto—. ¿Y esa cara de comparsa?

—Deja que veas algo.

Atravesaron el Parque Maceo hacia la avenida desierta de automóviles. La Habana se daba un aire a Hanoi con aquel mar de bicicletas que recorría sus vías más céntricas.

—No me has dicho adónde vamos.

—A sentarnos en el Malecón.

Ya pegado al horizonte, el sol pareció achatarse. Su silueta, recortada a tijeretazos por las nubes moradas, semejó un hongo atómico. Una hora después no quedaban rastros del crepúsculo. La vida nocturna, con sus jineteras y sus traficantes, regresaba a su ritmo habitual.

—¿Esperamos a alguien?

—Ya verás. No debe faltar mucho.

Sonó el cañonazo... y fue como una señal. Motos desvencijadas, carretones chirriantes, autos destartalados, todo tipo de vehículos fueron emergiendo de las calles.

Llevaban encima, cual émulos de los transbordadores espaciales, otros vehículos aún más estrafalarios que ellos: neumáticos de camiones, piraguas, balsas, canoas y extrañas armazones de madera sin clasificación posible, fabricadas con los recursos de la desesperación.

De inmediato comprendió lo que ocurría. El gobierno, temeroso de un estallido peor y sabiendo que la presión social había llegado al límite, abría una válvula de escape y hacía la vista gorda para que escaparan unos cuantos, como ocurrió en los ochenta con el éxodo del Mariel. Los más rebeldes, como siempre, eran los primeros en arriesgarse. Tan pronto éstos se fueran —con algunos miles bastaba—, la invisible frontera volvería a cerrarse.

—Estamos a tiempo —le dijo Gilberto—. La cosa no durará mucho.

—¿Cuándo empezó?

—Después del sal pa' fuera. Al principio fueron una o dos balsas, ahora es este burujón diario... o más bien nocturno. Pero no te pienses que es sólo aquí. Dicen que por Jaimanitas y Santa Fe la estampida es peor. Si no nos ponemos las pilas, no tendremos otro chance hasta dentro de diez años. Acuérdate de que esto es cíclico.

Rubén contempló el panorama citadino, aquella escena onírica de una ciudad que sacaba bártulos, niños y artefactos para echarse con ellos a un mar infectado de tiburones. Y de pronto se dio cuenta de que sus cueros y sus tintas, ocultos en su cuartico, se habían convertido en la única aspiración de su vida.

—Creo que me voy en ésta, mi hermano —resolvió

por fin, sin gota de remordimiento—. Este país me tiene hasta los cojones.

Donde todos los miedos se confunden

Día espléndido. Ideal para salir a pasear y olvidarse del trabajo, para andar descalza bajo los árboles o chapotear con los pies en aquel arroyuelo que atraviesa el Parque Almendares, cayendo desde la cascadita artificial junto a la carretera que recorre el Bosque de La Habana; agua que pasa bajo los puentecitos y las piedras lajas, llevándose los barquitos de papel que, de niña, echaba a la corriente límpida para verlos desembocar en el verde cuerpo del río, otrora llamado Chorrera, antaño llamado Casaguas, remotamente llamado Casiguaguas. Pero ese recuerdo de infancia resulta ya muy antiguo, tan antiguo quizás como la época en que el obispo Enrique de Armendáriz hacía sus abluciones en el sitio que más tarde llamaron Baños del Obispo, acariciado por el remanso fluvial que luego tomó su nombre y que los poetas idealizaron aún más al llamarlo Almendares.

Sin embargo, todo eso pertenece a tiempos olvidados. Como su infancia. Ya no existe la cascada, ni la alegre corriente; murieron los peces de la lagunilla —escala obligada del agua que caía, antes de precipitarse enloquecida al río—. Tampoco existen los quioscos de globos, ni aquellas pequeñas centrífugas donde el azúcar blanco se convertía en algodón comestible y pegajoso. La mayoría de los bancos están destrozados y el romántico golfito con sus trampas móviles, su castillo liliputiense, sus verjas en miniatura y sus lomas enanas se encuentra en ruinas.

Así y todo, es el parque favorito de David. Claudia sonríe al recordar la última vez que lo llevó. Sus andanzas por él son un rito que siempre se repite: salta sobre las lajas secas, corre a esconderse tras los troncos, se agarra de las lianas centenarias y se balancea en ellas como un tarzán diminuto, pese a que jamás ha visto una película del hombre-mono. El instinto de la infancia nunca muere.

Ella ha terminado temprano. En realidad se suspendió el trabajo debido a un pequeño incendio. Nada grave, pero la Seguridad sospecha un sabotaje y ha enviado a los empleados a sus casas después de interrogarlos. Claudia se ha encogido de hombros, decidida a ignorar las inconveniencias. Llama a Julia desde un teléfono público y le dice que prepare a David. Habla luego con el niño para anunciarle que pasará a buscarlo. De regreso en su cuartico, se pone uno de sus vestidos preferidos: una gasa multicolor que se ajusta al torso para desprenderse libremente desde las caderas y juguetear entre los muslos como una cortina de abalorios.

Es un lindo día para el parque. Sopla una brisa gloriosa, cálida y fresca a la vez, que le hace ignorar las miradas de admiración y ciertas señales de aviso que flotan en las cercanías. Ella no lo sabe, pero su vida está a punto de cambiar, como en esas telenovelas donde las casualidades parecen confabularse contra la protagonista. Sólo que ella no es un personaje de telenovela y por tanto no es seguro que al final aparezca algún hado inesperado —un *Deus ex machina*— que altere su destino.

Camina concentrada en el recuerdo de algo que ocurrió días atrás: la entrevista con la madre Inés. Cree que aquel suceso cambió su existencia; pero se equivoca. Lo que realmente la cambiará aún está por transcurrir. Ahora avanza por la avenida, disfrutando de la brisa que acaricia sus muslos y atraviesa la seda de su ropa interior. El aire del trópico es un íncubo que persigue a las hembras del Caribe, y a ella le gusta ese acoso silencioso. Mueve sus caderas y se moja de placer, excitada por el soplo impertinente de los alisios.

Por el momento no está preocupada. Quizás si supiera lo que está a punto de ocurrir, volvería sobre sus pasos. Sabe que ya no está muy lejos del lugar y se apresura un poco cuando recuerda quién la espera. Así se acerca, inocente y perfumada, al único punto de la ciudad que hubiera debido evitar.

Ya se respira el mar, ya siente el sabor de la sal que se deposita sobre sus labios. Un golpe de viento le alza la falda y ella debe contener con sus manos la acción de ese voyeur retozón. Es entonces cuando nota el movimiento en la esquina. Su memoria retrocede a lo que viera días atrás, pero ahora la gente no grita ni salta enloquecida. Existe un propósito calculado en los gestos, en las exclamaciones, en la dirección hacia donde fluyen todos. Por su lado empiezan a desfilar multitudes. A Claudia se le antojan los ratones de Hamelin que salen en masa atraídos por una melodía imposible de ignorar.

—¡Apúrate, Tato, que nos quedamos!

—¡Negra, busca a los niños!

—¡Chicho! ¡Abrieron el Malecón!

Es una metáfora, por supuesto. El Malecón nunca ha estado cerrado. Claudia comprende en seguida que se refiere a otro tipo de apertura. Junto a ella, la gente arrastra tablones, neumáticos, bloques de poliespuma, cualquier cosa que flote.

—Espabílate, m'hija, que te quedas.

El empujón y el llamado la sacan del estupor. Ha llegado el momento, pero el mismo ánimo que la apremia también la detiene. ¿Lanzarse al mar con un niño? ¿Y los tiburones? ¿Y las tormentas? ¿Cómo puede ella decidir la vida, el futuro, el destino de alguien?

Por su lado pasan familias enteras que remolcan animales, carromatos inverosímiles, botellas de agua... La fuga es general, *allegro vivace*, bachiana. Y de nuevo la sombra de Hamlet: «¿Qué hago? ¿Me voy pa'l carajo o me quedo?» Sabe que algo semejante no ha ocurrido en años, desde hace más de una década, cuando la embajada del Perú. ¿Volverá a repetirse algún día? «Es ahora o nunca», piensa como en el guión de una mala película. *Alea jacta est*. Corre media cuadra y vuela escaleras arriba en busca de David. El corazón le late tan aprisa que siente un tropelaje de tambores en su pecho, en los intestinos, en la silla turca de su cabeza. Salir, salir. Escaparse. Dejar atrás la prisión. Olvidar la angustia. Poder gritar o callar o decidir. No tiene idea de qué puede esperarle más allá de ese horizonte que nunca ha traspasado, pero no es momento de pensar en eso. Ahora lo importante es irse.

El ruido de los objetos arrastrados, la atmósfera de

jolgorio, el mar salpicado de objetos flotantes, la costa repleta de personas que desfilan rumbo a las playas cercanas con sus naos primitivas —nuevos conquistadores de otras tierras— es un espejismo alucinante a plena luz del día. No se ven policías, ni agentes. Seguramente andan disfrazados de civiles entre la multitud. Algún ojo observador hubiera podido detectarlos, pero nadie tiene tiempo ahora para eso.

Muchos impacientes ni siquiera buscan la costa baja y accesible. Ayudados por amigos o familiares, hacen descender sus embarcaciones hasta las rocas dientes-de-perro que bordean el muro.

—¿Te sobran puestos?

—Somos tres.

—Yo voy solo, compadre. Dame un chance.

—Socio, te doy cien dólares si nos montas a mi mujer y a mí.

Las ofertas y los ruegos cargan el aire de una rara energía. Muchos se agolpan en ciertas zonas del muro más cercanas al mar. Hacia una de ellas va Claudia, con David del brazo. Aún no sabe qué va a hacer. Su ánimo se mueve entre dos aguas. El sol sube y la histeria aumenta. A su lado escucha varias discusiones, pero ella no presta atención. Sólo tiene ojos para mirar el horizonte promisorio. Alguien arrastra un bote encima de una chivichana y casi la tumba.

—¡Claudia!

Su corazón se paraliza al ver los ojos de Rubén. Con rapidez busca en torno, tratando de adivinar cuál de aquellas mujeres es su amante o su novia o...

—¿Cómo que Claudia?

Gilberto ha alzado su cabeza detrás del bote que empujaba y los observa a ambos, sin querer entender lo que ocurre.

—Ésta es Claudia, la misma de la que te he hablado... Claudia, ¿por qué no vienes con nosotros? Sólo nos vamos mi amigo y yo. —Baja la mirada y ve a David; su voz suena a desmayo—. ¿Te casaste?

Es una pesadilla. Ella no sabe qué decir, cómo explicarle.

—¿Qué estás diciendo? —Gilberto deja el bote y se acerca a ambos—. Mora, dime que no es cierto lo que estoy pensando.

Ahora es Rubén quien los mira a ambos, atónito. Se recuesta en el bote, mareado ante lo que acaba de descubrir. Por un momento los tres parecen estatuas en medio de la locura general. Ninguno siente los empujones ni las voces de protesta de quienes quieren llegar a la orilla. Claudia nota la sangre que comienza a agolparse en los rostros de ambos hombres. Quiere alejarse, pero el terror la ha dejado paralizada.

—Mami, tengo calor.

La vocecita ha gimoteado, confusa, casi inaudible en medio del tumulto. Claudia carga a su hijo, todavía temblando, y se enfrenta a sus dos amantes. Están los tres tan desamparados, tan perdidos...

—Vamos, Mora. No hay problema.

—Gilberto...

—Te saco de aquí por el chama. Tú sabes que siempre le tuve cariño.

311

Son como esos ángeles hambrientos que devoran cuanto se les pone al alcance, sin pedir, sin preguntar.

—Vamos, se hace tarde.

Entre la muchedumbre descubre a Muba, junto a un hombrecito de ropas raídas y grueso bigote al que cree haber visto antes, pero no recuerda dónde.

—¿Claudia?

Pero ella sólo tiene ojos para aferrarse a la imagen de su madrina negra que se quedará allí, igual que aquel hombrecito triste y de frente luminosa que tampoco se decide a abandonar la isla, pese a quejarse en susurros:

—*¡Mi patria está en tanta fosa abierta, en tanta gloria acabada, en tanto honor perdido y vendido! Yo ya no tengo patria...*

Entonces descubre al Indio agachado sobre unas rocas que la observa sin pestañear. ¿Qué quiere decirle ahora? ¿Que hay peligro si se queda o que hay peligro si se va?

—¿Claudia?

Ante ella se alzan sus visiones: la inmensa muralla pétrea, el extinto esplendor de su ciudad, la historia de un convento al que sólo sobreviven sus campanas... y contempla el promisorio horizonte lleno de sueños que flotan a la deriva, sin saber qué hacer ahora con esa esperanza en forma de botecito que amenaza con hundirse en cualquier momento.

ÍNDICE